Thomas Hardieck

Dienen statt Regieren

Christliche Sozialethik und
Wirtschaftsordnung

2. (überarbeitete) Auflage 2016

Inhalt Seite:

A. Die Grundlagen 7
1. Was ist katholische Soziallehre? 14
2. Was ist evangelische Sozialethik 23

B. Die wirtschaftliche Ordnung
1. Der Rang der menschlichen
Arbeit 33
1.1. Rechte und Pflichten der Arbeit 39
1.2. Die Gewerkschaften 45
1.3. Die Arbeitslosigkeit 49
2. Das private Eigentum 51
2.1. Das Recht auf Privateigentum 52
2.2. Die Universalität der Güter 55
2.3. Die Sozialpflichtigkeit 57
3. Die wirtschaftliche Freiheit 62
4. Die Soziale Marktwirtschaft 65
5. Das Wirtschaftswachstum 74
6. Das Unternehmen und die
unternehmerische Arbeit 76
7. Die Teilhabe (Mitbeteiligung
und Mitbestimmung) 80
8. Die Investitionen 86
9. Der Gewinn 87
10. Die soziale Gerechtigkeit 88
11. Die Subsidiarität 94
12. Die Solidarität 100
13. Der Staat und das politische
. System 105

14.	Das Finanzwesen	112
15.	Die internationalen Wirtschafts-beziehungen	123

C. Abgrenzungen 136
1. zum Sozialismus 136
2. zum Liberalismus 141
3. ein „Dritter Weg"? 147
4. Die Zusammenarbeit für das Gemeinwohl: Der Dialog 149

D. Ergebnis 154
Christliche Sozialethik und Wirtschaft:
„Dienen statt Regieren"
<u>Schaubild:</u> Wirtschaft in der Sicht der Sozialethik 158

Verzeichnis der wichtigsten verwendeten Abkürzungen

a.a.O.	am angegebenen Ort
Abk.	Abkürzung
Aufl.	Auflage
BT	Bundestag
CA	Centesimus Annus"
CIV	Caritas in Veritate"
dbk	Deutsche Bischofskonferenz
Drucks.	Drucksache
EG	Evangelii Gaudium"
EKD	Evangelische Kirche in D
EKDGT	EKD-Denkschrift: „Gerechte Teilhabe"
EKDGuE	EKD-Denkschrift: „Gemeinwohl und Eigennutz"
EKDUnt	EKD-Denkschrift: „Unternehmerisches Handeln in evangelischer Perspektive"
FAZ	Frankfurter Allgemeine Zeitung
Ff	fortfolgende
GES	„Gaudium et Spes"
GW	Gemeinsames Wort
GWGesellschaft	„Gemeinsame Verantwortung für eine gerechte Gesellschaft"
GWZukunft	„Für eine Zukunft in Solidarität und Gerechtigk."
i.d.R.	in der Regel
Kor	Brief an die Korinther
LE	„Laborem Exercens"
Ls	„Laudato si"
MM	„Mater et Magistra"
Mt	Evangelium nach Matthäus
PIT	„Pacem in Terris"
prot.	Protestantisch
PP	„Populorum Progressio"
QA	„Quadragesimo Anno"
Rdn	Randnummer
RN	„Rerum Novarum"

s.	siehe
SRS	„Sollicitudo Rei Socialis"
u.v.a.	und viele andere
vgl.	vergleiche
z.B.	zum Beispiel
z.T.	zum Teil

A. Die Grundlagen

Gibt es eine spezifisch christliche oder gar kirchliche Sicht von der Wirtschaft? Viele dürften diese Frage verneinen. Was hat eine religiöse Haltung oder persönlicher Glaube zu tun mit dem an Markt, Wettbewerb und Gewinn orientierten Wirtschaftsleben? Die gängigen Gegenpole, die den ordnungspolitischen Diskurs bestimmen, sind Staatssozialismus mit zentraler staatlicher Wirtschaftslenkung auf der einen und liberale oder neoliberale Orientierung an Kapital, Markt und Wettbewerb auf der anderen Seite. Die ethischen wirtschaftspolitischen Orientierungen der christlichen Kirchen aus den vergangenen mehr als 120 Jahren geraten dabei oft ganz einfach aus dem Blickfeld. Seit Ende des 19. Jahrhunderts erläutern viele offizielle Dokumente beider großer Kirchen zentrale wirtschaftsethische Begriffe und deren theologische Grundlagen. Diese Schriften sind allerdings häufig in einer sehr theologischen Sprache abgefasst und deshalb für den Ökonomen nicht immer leicht zu verstehen. Zudem sind sie nicht systematisch strukturiert, sondern meist situations- oder zeitbezogen. Außerdem sind sie weit verstreut veröffentlicht. Nicht alle Texte sind ohne Weiteres, z.b. im Internet, verfügbar. Allgemeine Darstellungen und Zusammenstellungen von Texten sind zudem meist nach Konfessionen getrennt. All dies behindert und beschränkt die politische und praktische Wirksamkeit kirchlicher Wirtschaftsschriften.

Dennoch sind die Grundpositionen der detailliert ausgearbeiteten katholischen Soziallehre[1] und der evangelischen Sozialethik[2] unverzichtbar für eine ernsthafte Diskussion einer menschengerechten Wirtschaftsordnung. Einzelne Elemente dieser wirtschaftlichen Werteordnung konnten sich bereits in der Praxis bewähren. Die Texte gehen weit über

---

[1] Gesamtdarstellung im „Kompendium der Soziallehre", herausgegeben vom päpstlichen Rat für Gerechtigkeit und Frieden, deutsche Ausgabe Freiburg i.Br. 2006 (im Folgenden zitiert: „Kompendium")

[2] Gesamtdarstellung in Körtner, Evangelische Sozialethik, Göttingen 2008, 2012 (im Folgenden zitiert: „Körtner"); „Die protestantischen Wurzeln der Sozialen Marktwirtschaft" Ein Quellenband, Gütersloh 1994 (im Folgenden zitiert: „Die prot. Wurzeln")

bloß moralische Appelle an das Gewissen des Einzelnen hinaus. Solche Appelle gibt es natürlich auch, außerdem finden sich aber auch konkrete inhaltliche Forderungen für Unternehmen und Investitionen, für die Wirtschafts- und Sozialpolitik des Staates, neuerdings auch verstärkt für die Umweltpolitik. Die Kirchen erheben allerdings nicht den Anspruch, eigene wirtschaftspolitische Modelle oder gar Systeme zu entwickeln. Sie wollen lediglich mit dem „ethischen Orientierungswissen"[3] ihrer wirtschaftsbezogenen Lehren und Grundsätze das Nachdenken über die Ziele wirtschaftlichen Handelns fördern. Vor allem sollen die Prioritäten dieses Handelns klar werden. Beide Kirchen zeigen sich überzeugt, dass ihre wirtschaftsethischen Beiträge nicht nur für Christen, sondern für alle Menschen guten Willens relevant sind. Die Initiative beider großer Kirchen von 2014 „Gemeinsame Verantwortung für eine gerechte Gesellschaft" sollte z.B. eine breite gesellschaftliche Debatte anstoßen, zur Erneuerung der Wirtschafts- und Sozialordnung beitragen und Antworten auf zentrale

---

[3] GW Gesellschaft, S. 11 und 5f

gesellschaftliche Herausforderungen aufzeigen. Trotz dieses hohen Anspruchs bleibt aber das gesellschaftliche Echo auf derartige kirchliche Verlautbarungen eher gering.

Hinter der Fülle der einzelnen veröffentlichten Dokumente lässt sich durchaus eine ordnungspolitische Struktur erkennen, gewissermaßen als Destillat der Einzeldokumente. Das erweist sich als hilfreich für eine Besinnung auf die Wurzeln einer wirklichen „Sozialen Marktwirtschaft", wie sie nicht zuletzt im christlichen Wirtschaftsdenken entwickelt worden ist.

Eine systematische Darstellung dieser Grundstruktur muss sich zunächst an der katholischen Soziallehre orientieren, weil diese am detailliertesten ausgearbeitet ist und historisch den größten Einfluss hatte, z.B. in der christlichen Arbeiterbewegung, bei der polnischen „Solidarność"-Gewerkschaftsbewegung oder in den Aufbaujahren der Bundesrepublik Deutschland nach dem Zweiten Weltkrieg. Das schmälert nicht die Bedeutung der protestantischen Sozialethik, die mit ihren Besonderheiten und gelegentlich abweichenden Positionen ebenfalls großen Einfluss hatte. In den

Grundfragen der Wirtschaftsethik kommen beide Kirchen ohnehin zu weitgehend deckungsgleichen Ergebnissen.[4] Dies erlaubt und erfordert eine nicht nach Konfessionen getrennte Zusammenschau der grundlegenden wirtschaftsethischen Kirchendokumente. Konsequenz dieser Gemeinsamkeit sind in neuerer Zeit u.a. auch gemeinsame Verlautbarungen („Gemeinsames Wort") der großen Kirchen in Deutschland zu wirtschaftlichen und sozialen Themen.

Ziel der vorliegenden kleinen Schrift ist es, die ordnungspolitischen Grundlagen der kirchlichen Verlautbarungen zu einzelnen Themen und Anlässen offen zu legen und systematisch darzustellen. Dabei stützt sie sich insbesondere auf die folgenden kirchlichen Dokumente, die sich ausdrücklich mit wirtschaftsethischen Fragen befassen:

---

[4] Das gilt nicht für andere ethische Fragen, z.T. wird sogar eine zunehmende Rolle des Konfessionellen bei Biomedizin, Sexualmoral und Sterbehilfe, z.B. Stammzellenforschung, vorgeburtlicher Gendiagnistik, Präimplantationstechnik oder Umgang mit homosexuellen Partnerschaften konstatiert, vgl. „Christ in der Gegenwart" 2014, Nr. 25, S. 278

- Enzyklika „Rerum Novarum" (zitiert: RN) von 1891[5]
- Enzyklika „Quadragesimo Anno" (QA) von 1931[6]
- Enzyklika „Mater et Magistra" (MM) von 1961[7]
- Enzyklika „Pacem in Terris" (PIT) von 1963[8]
- Vaticanum II, pastorale Konstitution über die Kirche in der Welt von heute „Gaudium et Spes" (GES) von 1965[9]
- Enzyklika „Populorum Progressio" (PP) von 1967[10]
- Enzyklika „Laborem Exercens" (LE) von 1981[11]
- Enzyklika „Sollicitudo Rei Socialis" (SRS) von 1987[12]
- „Gemeinwohl und Eigennutz" Wirtschaftliches Handeln in Verantwortung für die Zukunft,

---

[5] www.christusrex.org/overkott/rerum.htm
[6] www.christusrex.org/overkott/quadra.htm
[7] www.christusrex.org/www1/overkott/mater
[8] w2.vatican.va
[9] Sonderdruck aus Deutsche Tagespost, Würzburg 1966; www.vatican.va/archive
[10] Veröffentlicht unter www.vatican.va
[11] Veröffentlicht unter www.vatican.va
[12] Veröffentlicht unter www.vatican.va

Denkschrift der EKD von 1991 (EKDGuE)[13]
- Enzyklika „Centesimus Annus" (CA) von 1991[14]
- Gemeinsames Wort: „Für eine Zukunft in Solidarität und Gerechtigkeit" (GW Zukunft) von 1997[15]
- „Gerechte Teilhabe" (EKDGT) Denkschrift des Rates der EKD von 2006[16]
- „Unternehmerisches Handeln in evangelischer Perspektive" (EKDUnt) Denkschrift des Rates der EKD von 2008[17]
- Enzyklika „Caritas in Veritate" (CIV) von 2009[18]
- Enzyklika „Evangelii Gaudium" (EG) von 2013[19]
- Gemeinsames Wort: Gemeinsame Verantwortung für

---

[13] Gütersloh 1991, 3. Aufl. 1992
[14] www.theol.uibk.ac.at/itl/357.html#hl
[15] www.ekd.de/EKD-Texte/44676.html
[16] Gütersloh 2006, veröffentlicht unter www.ekd.de
[17] Gütersloh 2008, veröffentlicht unter www.ekd.de
[18] Veröffentlicht unter www.vatican.va
[19] www.vatican.va

eine gerechte Gesellschaft (GW Gesellschaft) von 2014[20]
- Enzyklika „Laudato si'" (Ls) über die Sorge für das gemeinsame Haus von 2015[21]

1. Was ist katholische Soziallehre?

Der Inhalt der katholischen Soziallehre findet sich in mehreren Enzykliken (päpstlichen Rundschreiben) aus den Jahren 1891 bis 2015. Diese Rundschreiben werden von Sachverständigen-Gremien aus Priestern und Laien vorbereitet und ausgearbeitet. Die Soziallehre gilt als „integrierender Bestandteil der christlichen Lehre vom Menschen".[22] Trotz aller zeit- und anlassbedingten Besonderheiten in den einzelnen Verlautbarungen soll „der gesamte Corpus dieser Lehre kohärent" gelten.[23] Die Soziallehre soll sich als ein

---

[20] Veröffentlicht unter www.sozialinitiative-kirchen.de
[21] Deutscher Text veröffentlicht von der Deutschen Bischofskonferenz unter www.dbk.de
[22] MM Rdn 222
[23] So CIV Rdn 12

zeitgemäßes Lehrgebäude in dem Maße entwickeln, wie sich die Erkenntnisse der Kirche zu den geschichtlichen Ereignissen fortentwickeln. Dabei geht es nicht nur um bloße Theorie, sondern um Verwirklichung der verkündeten Grundsätze in der Praxis,[24] allerdings nicht als „technische Lösungen" oder „eigene Modelle" der Kirche, sondern als Orientierung für konkrete Probleme in ihren gesellschaftlichen, wirtschaftlichen, politischen und kulturellen Aspekten. Die Menschen sollen mit Hilfe der Soziallehre durch rationale Reflexion und wissenschaftliche Erkenntnis ihrer Berufung nachkommen, verantwortliche Gestalter des gesellschaftlichen Lebens zu sein. [25]

43 Jahre nach der Veröffentlichung des „Kommunistischen Manifest" (1848) und 28 Jahre nach der Gründung des „Allgemeinen Deutschen Arbeitervereins", des Vorgängers der SPD (1863), äußert sich die katholische Kirche mit der Enzyklika „Rerum Novarum" von 1891 zum ersten Mal grundlegend lehramtlich zur „Sozialen

---

[24] MM Rdn 226
[25] CA Rdn 146; CIV Rdn 9; SRS Rdn 1

Frage". Papst Leo XIII sieht die Kirche in der Verantwortung. Das veränderte Verhältnis der besitzenden Klasse zu den Arbeitern sowie die Konzentration des Kapitals in den Händen weniger erfordern seiner Meinung nach eine Reaktion. In diesem Konflikt will die Kirche aber nicht nur (wie in anderen „antimodernistischen" Lehrschreiben aus dieser Zeit) „die Irrtümer der Gegenwart" bekämpfen, sondern konkrete Hilfe leisten, weil „Unzählige ein wahrhaft gedrücktes und unwürdiges Dasein führen".[26]

Vierzig Jahre später bewertet Papst Pius XI. in „Quadragesimo Anno" von 1931 die Enzyklika „Rerum Novarum" als „sichere Richtschnur zur glücklichen Lösung der sozialen Frage". Er entwickelt die Soziallehre weiter, um „die Klassengegensätze zu überwinden und die gegenwärtige Störung der gesellschaftlichen Ordnung zu heilen".[27]

Auch Papst Johannes XXIII. greift 1961 mit „Mater et Magistra"[28] neue Entwicklungen des gesellschaftlichen Lebens, u.a. die internationale Dimension der Wirtschaft und Probleme

---

[26] RN Rdn 1,2
[27] QA Rdn 15
[28] MM Rdn 9

der Landwirtschaft auf. Dazu will die Kirche „neue und lebendige Anregungen" geben. Im April 1963 veröffentlicht Johannes XXIII. seine Enzyklika „Pacem in Terris" über den Frieden unter den Völkern in Wahrheit, Gerechtigkeit, Liebe und Freiheit. Wenig später nimmt das von diesem Papst einberufene II. Vatikanische Konzil in der pastoralen Konstitution „Gaudium et Spes" von 1965 u.a. zu wirtschaftlichen Fragen Stellung, weil „die Freude und die Hoffnung, aber auch die Trauer und die Angst der Menschen von heute auch Sache der Kirche" seien.[29] Papst Paul VI. beruft sich 1967 in „Populorum Progressio" ebenfalls auf das gerade abgeschlossene Zweite Vatikanische Konzil, das die Forderungen des Evangeliums für die „soziale Frage" klarer und lebendiger in das Bewusstsein gerückt habe. Dringend erforderlich sei nun die Verwirklichung der Soziallehre im weltweiten Maßstab.

Nach den epochalen Umbrüchen der Jahre 1989/90 sieht Papst Johannes Paul II. 100 Jahre nach „RN" in seinem grundlegenden Rundschreiben „Centesimus Annus" 1991 bestätigt,

---

[29] GES Rdn 1; PP Rdn 1-3

was Leo XIII. voraussah: „die politisch, sozial und wirtschaftlich negativen Folgen der Gesellschaftsordnung des Sozialismus".[30] Er will die moderne Welt „neu evangelisieren". „Wesentlicher Bestandteil" dabei soll die kirchliche Soziallehre sein.[31] Auch seine Rundschreiben „Laborem exercens" über die menschliche Arbeit (1981) und „Sollicitudo rei socialis" über die Entwicklungspolitik (1987) hatten diese Thematik bereits aufgegriffen.

Papst Benedikt XVI. bringt 2009 einen explizit theologischen Blickwinkel in die Soziallehre ein. „Caritas in Veritate", so der Titel seiner Enzyklika, also „die Liebe in der Wahrheit", ist für ihn das entscheidende Prinzip,[32] das als Gerechtigkeit und Gemeinwohl gesellschaftlich konkrete Gestalt annimmt und zum Orientierungsmaßstab wird.[33]

Die bislang schärfste Kritik an den bestehenden globalen wirtschaftlichen Verhältnissen übt schließlich Papst Franziskus 2013 in seiner Enzyklika

---

[30] CA Rdn 42
[31] CA Rdn 22
[32] CIV Rdn 6
[33] Vgl. auch Kompendium Rdn 35

„Evangelii Gaudium". Hier[34] sagt er schroff „Nein" zu einer „Wirtschaft der Ausschließung" und erregt Anstoß mit dem Satz: „Diese Wirtschaft tötet".[35] Das erscheint besonders auf die Heimat des argentinischen Papstes zugespitzt und bedeutet keineswegs die Hinwendung zu einer fundamentalistisch- antikapitalistischen Haltung. Vielmehr hält auch „Evangelii Gaudium" an den bisherigen Grundsätzen der katholischen Soziallehre fest, wie der Papst selbst anlässlich der Veröffentlichung dieser Enzyklika ausdrücklich klarstellt.[36]

Mit seiner im Juni 2015 vorgelegten Enzyklika „Laudato si'" – zum ersten Mal unter einem nicht lateinischen, sondern italienischen Titel, der auf den Sonnengesang des hl. Franziskus von Assisi verweist – macht Papst Franziskus die Ökologie zu einem zentralen Thema der katholischen Soziallehre. Er bekräftigt und bestätigt viele Einzelthemen dieser Lehre und zieht teilweise neue Konsequenzen, insbesondere für eine ganzheitliche Wirtschafts- und Sozialökologie. An

---

[34] EG Rdn 53
[35] A.a.O.
[36] FAZ vom 28.11.2013

dem sozialen Ausgangspunkt der bisherigen Soziallehre, der Option der Kirche für die „Armen", d.h. für die Schwachen in der weltweiten menschlichen Gesellschaft, hält er dabei strikt fest.

Die katholische Soziallehre sieht ihre Quelle in der Bibel. Theologische Grundlagen sollen einzig und allein „die unwandelbaren Grundsätze von Vernunft und Offenbarung" sein.[37] Die Enzykliken berufen sich gern auf das Naturrecht, die „natürlichen Rechte des Menschen" und das natürliche Wesen einer Sache oder Institution, häufig unter Berufung auf den Kirchenlehrer Thomas von Aquin (1225-1274), z.B. zu Fragen des Eigentums, der menschlichen Arbeit oder der Behandlung großer Vermögen. Aus der Natur des Menschen seien die Gesetze abzuleiten, welche darüber belehren, wie die Menschen ihre gegenseitigen Beziehungen, die Beziehungen zwischen Staatsbürgern und Behörden und der Staaten untereinander gestalten sollten.[38] Der Mensch ist Träger, Schöpfer und Ziel aller

---

[37] LE Rdn 3; QA Rdn 11
[38] Z.B. RN Rdn 19, CA Rdn 103; PIT Rdn 4

gesellschaftlichen Einrichtungen.[39] Die kirchliche Soziallehre ist Bestandteil des christlichen Menschenbildes, nach dem der Mensch auf Erden „das einzige von Gott um seiner selbst willen gewollte Geschöpf" ist.[40] Die menschliche Person in ihrem einzigartigen Wert ist damit Urheber, Mittelpunkt und Ziel aller Wirtschaft.[41] Ergänzt wird dieser zentrale Grundsatz um die Liebe als „Hauptweg der Soziallehre der Kirche".[42] Daraus geht jede von dieser Lehre beschriebene Verantwortung und Verpflichtung hervor, denn sie ist der Bibel gemäß die „Zusammenfassung des ganzen Gesetzes".[43] Identität, Berufung und letzte Bestimmung der Person und des Menschengeschlechts leiten sich aus der Liebe Gottes ab. Der Mensch verwirklicht sich seinerseits dadurch, dass er vielfältige Beziehungen der Liebe, der Gerechtigkeit und der Solidarität mit anderen Personen knüpft.[44]

---

[39] MM Rdn 219
[40] CA Rdn 39
[41] CIV Rdn 25
[42] CIV Rdn 2 und 34
[43] s. dazu Mt. 22, 36-40
[44] Kompendium Rdn 35

Da die katholische Soziallehre in päpstlichen Rundschreiben (Enzykliken) und z.T. auch in Konzilsdokumenten niedergelegt ist, stellt sich die Frage nach ihrer Verbindlichkeit für die Gläubigen. Diese Frage wurde und wird in der katholischen Kirche intensiv diskutiert.[45] Unstreitig unterfallen Enzykliken nicht der „Unfehlbarkeitslehre", da diese nur für in besonderer Form ergangene sog. „ex-cathedra-Entscheidungen" gilt. Insofern würde an sich nur die allgemeine Gehorsamspflicht nach dem katholischen Kirchenrecht gelten. Auch diese ist aber angesichts der Widersprüchlichkeit von Enzykliken[46] nicht unproblematisch. Offiziell kommt der Soziallehre die Bedeutung eines „Instruments der Glaubensverkündigung" zu.[47] Papst

---

[45] Dazu ausführlich Böckenförde, FAZ vom 07.12.2005 und Pesch, Über die Verbindlichkeit päpstlicher Enzykliken, in „Wort und Antwort" 1968,138ff

[46] Böckenförde, a.a.O. erläutert diese Widersprüchlichkeit am Beispiel der Befürwortung der Religionsfreiheit durch das Vaticanum II im Widerspruch zu früheren Enzykliken

[47] Kompendium Rdn 67

Franziskus bewertete anlässlich der Vorlage seiner Enzyklika „Evangelii Gaudium" die sozialen Rundschreiben pragmatisch als Information: Wer wissen wolle, wie Papst und Kirche über soziale Fragen gedacht hätten und dächten, der möge zur Soziallehre der Kirche greifen.[48]

2. Was ist evangelische Sozialethik?

Da es ein päpstliches „Lehramt" in den evangelischen Kirchen nicht gibt, existiert auch keine entsprechend ausdifferenzierte und entwickelte Sozial-„lehre". In evangelischer Perspektive bedeutet die christliche Berufung zur Freiheit gerade den Verzicht auf Einzelvorschriften, an die sich etwa evangelische Unternehmer halten müssten. Es kommt statt dessen in der protestantischen Sozialethik auf die grundlegenden Orientierungen an[49]. In seinem Vorwort zu „Gemeinwohl und Eigennutz" möchte Altbischof Kruse die Denkschrift allerdings auch als „Beitrag

---

[48] Zitiert nach FAZ vom 28.11.2013; s. auch EG Rdn 51
[49] EKDUnt Rdn 37; EKDGuE Vorwort S. 9

auf dem Weg zu einer evangelischen Soziallehre" verstanden wissen. Der Begriff „Sozialethik" geht zurück auf den lutherischen Theologen Alexander von Oettingen (1827-1906).[50] Dieser zeigte ebenso wie der Theologe Johann Heinrich Wichern (1808-1881) durch die Einbeziehung empirischer Daten Zusammenhänge zwischen individueller Schuld und gesellschaftlichen Missständen auf.

Berühmt ist die Theorie Max Webers (1864-1920), der in seinem Werk „Die protestantische Ethik und der Geist des Kapitalismus"[51] von 1905 die „Wirtschaftsgesinnung", das Ethos des Kapitalismus aus dem asketischen Protestantismus des Genfer Reformators Johannes Calvin (1509-1564) heraus ableitet. Da die Lebensführung des Christen als „gottgewollt" und „gottgewirkt" gedeutet werde, sei sie auch „Zeichen der Erwählung".[52] Das „summum bonum" wäre von daher der möglichst unbegrenzte Erwerb von Geld unter strengster Vermeidung alles

---

[50] Körtner S. 45f
[51] Hier zitiert nach der Ausgabe Erftstadt 2005
[52] Weber a.a.O. S. 97

unbefangenen Genießens.[53] Auch wenn sich diese These Max Webers nicht aus Calvins eigenen Texten belegen lässt,[54] ist doch seine Feststellung[55] eines „ganz vorwiegend protestantischen Charakters von Kapitalbesitz und Unternehmertum" im damaligen Deutschland eine offensichtliche Tatsache.

Dazu könnte auch Luthers „Zwei-Reiche-Lehre" beigetragen haben. Das „Reich Gottes" ist danach zu trennen vom Reich der Welt (staatliche Obrigkeit und u.a. auch die Wirtschaft). Die Christen sind zum Handeln in der Welt aufgerufen. Beide „Reiche" sind als göttliche Anordnungen aber auch aufeinander bezogen, so dass letztlich die göttliche Ordnung auch dann zu gelten hat, wenn sie durch die weltliche Obrigkeit vollzogen wird.
Dementsprechend hat protestantische Sozialethik die Soziale Marktwirtschaft in Deutschland nach dem II. Weltkrieg wesentlich beeinflusst. Deren Vordenker wie Ludwig Ehrhard (1897-1977), Walter Eucken (1891-1950), Wilhelm Röpke (1899-1966) oder Alfred Müller-Armack

---
[53] Weber a.a.O. S. 41
[54] So Schmoll, FAZ vom 17.01.2009
[55] A.a.O. S. 25

(1901-1978) fühlten sich dem evangelischen Glauben verpflichtet.[56] Für die unmittelbare Nachkriegszeit lässt sich mit guten Gründen die These vertreten, dass die sozialethische Diskussion innerhalb des Protestantismus im 19. und 20. Jahrhundert direkt zur Begründung des Konzeptes „Soziale Marktwirtschaft" geführt hat.[57] Erklärungen zur Wirtschaft, z.B. der Weltkirchenkonferenz 1937 in Oxford[58] und christliche Impulse aus dem Widerstand gegen den Nationalsozialismus[59] gründen sich auf die Gemeinwohlorientierung der Wirtschaft und auf die soziale Gerechtigkeit. Die EKD[60] nennt 2008 die gesellschaftpolitische Konzeption von der sozialen Marktwirtschaft als Gegenentwurf sowohl zu planwirtschaftlichen wie auch zu rein

---

[56] Krohn, FAZ vom 01.11.2008
[57] Brakelmann/Jähnichen in „Die prot. Wurzeln...", S. 13
[58] Abgedruckt in „Die prot. Wurzeln..." S. 326 ff
[59] Grundsatzerklärung Wirtschaft des Kreisauer Kreises (1942) und Denkschrift des Freiburger Bonhoeffer-Kreises (1943) in „Die prot. Wurzeln" S. 337 ff, 341 ff
[60] EKDUnt S.13,14; EKDGuE Rdn 103 ff

wirtschaftsliberalen Vorstellungen eine „Verwirklichung ursprünglich protestantischer Werthaltungen".

Die evangelische Kirche in Deutschland hat sich in den vergangenen Jahren zu ethischen Fragen häufiger in Form von „Denkschriften" geäußert. Wirtschaftliche Fragen behandelt insbesondere die 2008 vorgelegte Denkschrift „Unternehmerisches Handeln in evangelischer Perspektive", die sich an die Denkschrift „Gerechte Teilhabe, Befähigung zu Eigenverantwortung und Solidarität" von 2006 anschließt. In Normativität und Verbindlichkeit sind diese Denkschriften zwar nicht mit den lehramtlichen römisch-katholischen Dokumenten gleichzusetzen. Es handelt sich aber ebenfalls um Stellungnahmen von Sachverständigen, die von kirchlichen Gremien, z.B. dem Rat der EKD, als Orientierungshilfe veröffentlicht werden.[61] Außerdem gibt es die „Gemeinsamen Worte" von EKD und Deutscher Bischofskonferenz zu jeweils aktuellen wirtschaftlichen Fragen, z.B. 1997 „Für eine Zukunft in Solidarität und Gerechtigkeit" und zuletzt 2014

---

[61] Körtner S. 86

„Gemeinsame Verantwortung für eine gerechte Gesellschaft".

In den theologischen Grundlagen evangelischer Wirtschaftsethik wird in Übereinstimmung mit der Soziallehre entschieden betont, dass der christliche Glaube sich auf alle Lebensbereiche und damit auch auf die Wirtschaft bezieht[62]. Das soll nicht eine „falsche Moralisierung täglicher wirtschaftlicher Ermessensentscheidungen" bedeuten. Wohl aber soll sich damit als „Markenzeichen evangelischen Unternehmertums" die Achtung ethischer Grundentscheidungen auch und gerade gegenüber sog. Sachzwängen zeigen. Die evangelischen Schriften[63] unternehmen den Versuch, bestimmte sozialethische Erfordernisse des Wirtschaftslebens direkt aus der Bibel abzuleiten. Zwar gebe es dort keine unmittelbaren Handlungsanweisungen für wirtschaftliche Entscheidungen, wohl aber die Prägung von Grundperspektiven des Lebens und Maßstäbe des Handelns. Im Einzelnen werden genannt:

---

[62] EKDUnt Rdn 24; s. GES Rdn 1
[63] Rdn 25 bis 30

- die Dankbarkeit für das erfahrene Gute:
  Achtsamkeit für die verschiedenen Faktoren eines wirtschaftlichen Erfolges, der niemals nur einer Seite oder einem Beteiligten zugeschrieben werden kann,
- die Charismen-Lehre des Paulus (1 Kor 12):
  die verschiedenen menschlichen Begabungen müssen entwickelt und eingebracht werden, ohne darin einen unterschiedlichen Wert von Menschen zu sehen,
- Bibeltexte, die zu einer klugen Haushaltsführung und zur Nutzung von Talenten anhalten:
  Aufforderung für eine Mehrung von Gütern zum Nutzen aller,
- die Mahnung des Evangeliums, sich nicht materiell zu sorgen:
  Ermutigung zur Übernahme wirtschaftlicher Risiken gegen falsches Sicherheitsdenken und Entscheidungsschwäche
- die Feiertags- und Arbeitsruhe
- die Fragen von Armut und Reichtum
- Gerechtigkeit und Gemeinwohl.

Es besteht das grundsätzliche ethische Dilemma, dass zwar das eigene Gewissen maßgeblich sein soll, dieses aber irren kann.[64] Maßstab, an dem sich das Gewissen orientieren sollte, ist die personale Integrität der an einer Handlung Beteiligten. Das Personalitätsprinzip, d.h. der Mensch, steht damit auch hier im Zentrum. Konkretisierung dieses Grundsatzes im Bereich zwischen Moral und Recht sind die Menschenrechte.[65] Es geht dabei sowohl um die individuellen Abwehrrechte zum Schutz der Freiheit des Einzelnen wie auch um die sozialen Menschenrechte (Teilhaberechte). Eine entsprechende staatliche Fürsorgepflicht und damit letztlich die Idee des Sozialstaates werden daraus abgeleitet.[66] Voraussetzungen einer menschengerechten Wirtschaftordnung sind Solidarität, Gerechtigkeit und Freiheit. Das spezifisch christliche Verständnis von Freiheit und Bindung dient auch zur Qualifizierung wirtschaftlicher, z.B. unternehmerischer Freiheit.[67] Gerechtigkeit ist definiert als

---

[64] Körtner S. 37
[65] Körtner S. 318
[66] GW Zukunft Rdn 13; Körtner S. 320
[67] Unternehmer Rdn 31

Teilhabe-, Befähigungs- und Verteilungsgerechtigkeit. So soll sich die Option der Kirche für die Armen und Benachteiligten konkretisieren.[68] Eingefordert wird eine „Kultur des Erbarmens", weil das Soziale nicht nur „humane Zutat", sondern grundlegendes Element der Wirtschaftsordnung sein müsse.[69] In christlichem Handeln und christlicher Weltgestaltung wird eine Form der praktischen Vernunft gesehen, die sich an der Liebe orientiert.[70] Wegen der Vielschichtigkeit wirtschaftlicher Zusammenhänge ist anerkannt, dass ethische Grundorientierungen und wirtschaftliche Sachgesetzlichkeiten „sinnvoll aufeinander bezogen" sein müssen.[71]

Den „naturrechtlichen" Ansatz der katholischen Soziallehre sieht die evangelische Seite eher skeptisch. Zwar war noch die traditionelle evangelische, vor allem lutherische Theologie des 19. und 20. Jahrhunderts ebenfalls von einer vorgegebenen natürlichen Schöpfungsordnung ausgegangen. Dies

---

[68] GT Rdn 63 und 65
[69] Körtner S. 336
[70] Körtner S. 89
[71] EKDUnt Rdn 23

wird aber als „Ursprungsmythos" kritisiert,[72] weil die Ausformungen von Ehe, Familie, Arbeit, Beruf oder Staat nicht als unwandelbar, sondern als geschichtlich und kulturell bedingt zu sehen seien.

---

[72] So der Theologe Paul Tillich (1886-1965), zustimmend Körtner S. 55

B. Die wirtschaftliche Ordnung

1. Der Rang der menschlichen Arbeit

Menschliche Arbeit ist wirtschaftlich verstanden die Erzeugung und Bereitstellung von Gütern und Dienstleistungen. Dieser menschlichen Arbeit kommt in der christlichen Wirtschaftsethik eine einzigartige Bedeutung, geradezu eine Schlüsselstellung zu. Alle anderen Elemente des wirtschaftlichen Lebens haben im Unterschied dazu rein instrumentalen Charakter[73]. Diese Sonderstellung folgt in der katholischen Soziallehre aus dem „eigentlichen Wesen der Arbeit" als Berufung des Menschen: Der Mensch entfaltet und verwirklicht sich in seiner Arbeit[74]. Als Element des sozialen menschlichen Lebens war die Arbeit auch schon vor den sozialen Rundschreiben Gegenstand der kirchlichen Aussagen zum Menschen und zum sozialen Zusammenleben. Sie steht jetzt aber als fundamentale Dimension der Existenz

---

[73] GES Rdn 67; MM Rdn 107
[74] CA Rdn 23; LE Rdn 2, 3, 9 und 25

des Menschen auf der Erde im Mittelpunkt der „Sozialen Frage". Bereits das „Sich-Untertan-Machen" der Erde gemäß den biblischen Quellen (Genesis 1,28) vollzieht sich durch und in der Arbeit. Es umfasst sowohl die Bewahrung des Vorhandenen (hüten) wie auch die Bearbeitung, um Frucht zu bringen. Der Mensch sollte sich dabei nicht so sehr als „Herr" des Universums, sondern eher als dessen „verantwortlicher Verwalter" sehen.[75] Dadurch verwirklicht der Mensch seine Herrschaft über die sichtbare Welt und begründet so die personale Würde der Arbeit. Gegenüber materialistischen und ökonomistischen Strömungen, welche die Arbeit als bloße Ware sehen wollen, die der Arbeitende dem Inhaber des Kapitals verkauft, oder die den Menschen als bloßes Werkzeug statt als Subjekt der Arbeit betrachten, grenzt sich die Soziallehre ausdrücklich ab.[76] „Laborem Exercens"[77] sieht wegen dieser Subjektivität, an welcher der ganze Mensch mit Körper und Geist beteiligt ist, sogar eine „Spiritualität" in

---

[75] Ls Rdn 124, 116, 117 (der Mensch als Mitarbeiter Gottes)
[76] LE Rdn 7
[77] Rdn 24

der Arbeit. Deren Sinn liegt im christlichen Verständnis darin, dem Menschen zu helfen, durch die Arbeit seiner Vollendung in Gott näher zu kommen.

Evangelische Stimmen[78] sind unter Berufung auf Luthers reformatorische Skepsis gegenüber „menschlichen Werken" etwas zurückhaltender und warnen davor, Arbeit zum Selbstzweck werden zu lassen. Doch würdigen auch diese Schriften bereits von der biblischen Schöpfungsgeschichte her den Menschen als „Mitarbeiter Gottes". Der Mensch verwirklicht in der Arbeit seine Berufung und Bestimmung, an der Gestaltung der Schöpfung mitzuarbeiten. Arbeit ist demnach auch hier weit mehr als ein nur technisches Geschehen, nämlich Gelegenheit und Möglichkeit des Menschen, seine Freiheit und Kreativität zum Ausdruck zu bringen. Aus evangelischer Sicht[79] wird allerdings auch vor einer „Romantisierung" der Arbeit gewarnt und an die christlich-jüdische Sabbattradition erinnert. Danach ist

---

[78] Körtner, S. 348; EKDGT Rdn 69; EKDUnt Rdn 56; EKDGuE Rdn 110; LS Rdn 125

[79] EKDGT Rdn 70, 72; EKDGuE Rdn 117; ebenso aber auch Kompendium Rdn 258

nicht die Arbeit an sich als oberstes Gut anzusehen, sondern die durch sie ermöglichte Ruhe. Die Sabbatruhe gilt als Bollwerk gegen eine Versklavung durch die Arbeit und gegen jegliche Form der heimlichen oder offenen Ausbeutung.

Diese Wertungen gelten für jede Art der Arbeit, für die Handarbeit wie auch für intellektuelle und andere Arbeiten. Ebenso wenig darf der Begriff auf die Erwerbsarbeit reduziert werden. Die Arbeit in der Familie, Erziehungs- und Pflegearbeit, ehrenamtliches Engagement, überhaupt jede Tätigkeit, die Vorhandenes verändert, zählen wegen ihrer gesellschaftlichen Bedeutung unbedingt dazu[80]. Die betätigte Kraft und Anstrengung des Arbeitenden wird zu seinem persönlichen Gut; darin liegt der aus der menschlichen Natur folgende individuelle Charakter der Arbeit[81]. Der Wandel in der Arbeitswelt macht dies noch deutlicher. Denn das Einkommen, das auf Arbeitsleistung beruht, z.B. durch das Erlernen und Ausüben eines Berufs, ist für den Lebensunterhalt von immer mehr Menschen wichtiger als

---

[80] RN Rdn 20; GT Rdn 71
[81] RN Rdn 34

andere Einkunftsarten, z.B. aus Kapitalbesitz[82]. Entsprechend nimmt die Bedeutung der menschlichen Arbeit als Produktionsfaktor für materielle und immaterielle Güter zu.

Aus diesen Grundlagen folgen qualitative Anforderungen an die Arbeitsbedingungen. „Caritas in Veritate"[83] definiert daher „würdige Arbeit" im Einzelnen wie folgt:

- frei gewählte Arbeit,
- die Männer und Frauen wirksam an der Entwicklung der Gesellschaft teilhaben lässt,
- es dem Arbeitenden erlaubt, ohne Diskriminierung geachtet zu werden,
- es erlaubt, die Bedürfnisse der Familie zu befriedigen und die Kinder zur Schule zu schicken, ohne dass diese selbst zur Arbeit gezwungen sind,
- es Arbeitnehmern erlaubt, sich frei zu organisieren und ihre Stimme zu Gehör zu bringen,
- genügend Raum lässt für persönliche, familiäre und spirituelle Bedürfnisse,

---

[82] MM Rdn 106; CA Rdn 107; EKDGuE Rdn 133
[83] Rdn 63

- den Ruhestand in Menschenwürde sichert.

Weil Arbeit zur Erhaltung des Daseins notwendig ist, hat sie gesellschaftliche Bedeutung und damit auch einen sozialen Charakter. Mehrfach würdigen die sozialen Rundschreiben die menschliche Arbeit als Ursprung und Quelle allen Wohlstandes und weisen ihr klar eine vorrangige Rolle gegenüber dem Kapital zu.[84] Andererseits ist die Arbeit für den Menschen aber auch eine strenge natürliche Pflicht[85]. Darin drückt sich die Doppelnatur der Arbeit als gleichzeitig persönlich und notwendig aus. Die betätigte Kraft und Anstrengung wird zum persönlichen Gut des Arbeitenden, sie muss auf der anderen Seite aber auch den Lebensunterhalt einbringen. Die (marxistische) Utopie von der Möglichkeit eines irdischen Lebens ohne die „Last" der Arbeit, ohne Not und voller Ruhe und Genuss in einem Paradies der Werktätigen weist schon „Rerum Novarum"[86] als Betrug an den Arbeitenden zurück.

---

[84] RN Rdn 27; QA Rdn 53; CA Rdn 23; LE Rdn 12
[85] RN Rdn 34
[86] Rdn 14

1.1. Die Rechte und die Pflichten der Arbeit

Aus dem so verstandenen Wesen der Arbeit folgen bestimmte Rechte und Pflichten der am Arbeitsprozess Beteiligten. Der Arbeitende muss die Arbeitsleistung, zu der er sich „frei und mit gerechtem Vertrag" verpflichtet hat, vollständig und gewissenhaft erbringen und darf dem Arbeitgeber keinen Schaden zufügen. Die Pflicht zur Arbeit ist moralischer Art. Der Mensch schuldet die Arbeit nicht nur dem Arbeitgeber, sondern auch seinen Mitmenschen, der Gesellschaft und der gesamten Menschheitsfamilie.[87] Arbeitgebern wiederum ist jede Ausbeutung, d.h. die Behandlung von Arbeitern als Sachen statt als Menschen, verboten. Die Rechte des Arbeitenden sind Teil der Menschenrechte. Ethisch korrekt sind Arbeitsbedingungen nur dann, wenn die Rechte des Arbeitenden vollauf gewahrt sind.[88]

„Laudato si" kritisiert technischen Fortschritt, der darauf abzielt, die Produktionskosten durch Verringerung von Arbeitsplätzen zu senken.

---
[87] RN Rdn 16; LE Rdn 16; PIT Rdn 14
[88] RN Rdn 33; LE Rdn 17

Aufzuhören, in Menschen zu investieren, um einen größeren Sofortertrag zu erzielen, sei ein schlechtes Geschäft für die Gesellschaft.[89]

Arbeitnehmern sollte ein möglichst großes Maß an Handlungs- und Entscheidungsfreiheit zuerkannt werden, damit diese in fairer Weise mit anderen kooperieren und Eigentümern und Managern „auf Augenhöhe" begegnen können[90]. Die Arbeitsbedingungen sind grundsätzlich den Bedürfnissen der Person und der Lebensweise des Arbeitenden anzupassen und es gilt als ein Auftrag des christlichen Glaubens, sich fortgesetzt für die Humanisierung der Arbeitswelt einzusetzen[91]. „Rerum Novarum"[92] hält noch bestimmte Arbeiten gerade für Frauen weniger zumutbar. Selbstverständlich findet sich bei beiden Kirchen mehrfach die Mahnung, die Sonn- und Feiertage als

---

[89] Ls Rdn 128
[90] EKDUnt Rdn 56
[91] Körtner S. 350; GES Rdn 87. RN Rdn 33 sieht 1891 auch noch die Notwendigkeit, ausdrücklich die Kinderarbeit zu verdammen, „ehe nicht Leib und Geist zur gehörigen Reife gediehen sind".
[92] Rdn 33

Tage „seelischer Erholung" und Zeit für die Religionsausübung der Arbeitenden zu achten.[93] Das bedeutet z.B., die Sonntage nicht in die Flexibilisierung der Arbeitszeiten einzubeziehen und notwendige Ausnahmen von der Feiertagsruhe nicht zur Regel werden zu lassen.

Die Frage des gerechten Lohnes ist für „Laborem Exercens"[94] ein Schlüsselproblem der Sozialethik. Letztlich wird die Gerechtigkeit des ganzen sozio-ökonomischen Systems und sein rechtes Funktionieren an der Art und Weise gemessen, wie die menschliche Arbeit ihre angemessene Entlohnung findet. Der Lohn ist der konkrete Weg, der den meisten Menschen den Zugang zu den gemeinsam genutzten Gütern der Gesellschaft öffnet. Für die Lohngerechtigkeit gilt grundsätzlich, dass der Ertrag aus dem Zusammenwirken von Arbeit und Kapital entsteht und dass keinem von beiden die „Alleinursächlichkeit" an dem erzielten Ergebnis zukommt. Die Inanspruchnahme des gesamten

---

[93] RN Rdn 16; CA Rdn 32; Körtner S. 351f; EKDGuE Rdn 117 ff
[94] LE Rdn 19

Ertrages durch nur eine Seite widerspricht der Gerechtigkeit[95]. Ebenso strikt wird es abgelehnt, den Lohn allein dem freien Wettbewerb zu überlassen. Lohn muss dem Arbeitenden zumindest ein menschenwürdiges Leben, die Bestreitung der Familienlasten, angemessene Ruhe und Erholung und die Möglichkeit zum Sparen erlauben. Dies könnte der Wettbewerb nicht gewährleisten[96]. Gesetzliche Mindestlohnregelungen können ein geeignetes Instrument sein, wenn der Lohn eines Vollzeiterwerbstätigen für den Lebensunterhalt nicht ausreicht. Bei der Einführung staatlicher Mindestlöhne ist aber darauf zu achten, bestehende Arbeitsverhältnisse nicht zu verdrängen und keine neuen Barrieren für den Einstieg in den Arbeitsmarkt zu schaffen. Unter der Vielzahl von Gesichtspunkten für die Bemessung eines so verstandenen (Mindest-)Lohnes steht die persönliche und familiäre Situation des Arbeitenden immer an der ersten Stelle[97].

---

[95] QA Rdn 53; ähnlich EKDUnt Rdn 26
[96] MM Rdn 71, 112; CA Rdn 53
[97] GW Gesellschaft, S. 48; QA Rdn 66, 71. 1931 legt QA dazu noch (wie auch RN Rdn 33) das traditionelle Familienbild des

Ein gerechter Lohn bemisst sich neben der Auskömmlichkeit für den Arbeitenden selbstverständlich auch nach der Produktivität der Arbeit. Auch die Lage des Unternehmens ist ein Lohngesichtspunkt. Löhne, die zum Zusammenbruch des Unternehmens führen, müssen nicht akzeptiert werden[98]. Wird das Unternehmen allerdings durch ungerechte äußere Bedingungen z.B. zu nicht kostendeckenden Preisen und dadurch zu übermäßigen Lohnabschlägen gezwungen, so müsste einer solchen „himmelschreiende Sünde" der dafür Verantwortlichen durch staatliche Wirtschaftspolitik abgeholfen werden[99]. Überhaupt soll die Lohnbemessung auch dem volkswirtschaftlichen Gemeinwohl Rechnung tragen. Z.B. sollten angemessene Preisdifferenzierungen zwischen den verschiedenen Wirtschaftszweigen, das Ziel der Vollbeschäftigung sowie weltwirtschaftliche Aspekte

---

alleinverdienenden Ehemannes und der möglichst allein für den Haushalt verantwortlichen Ehefrau zugrunde. Dies findet sich in den jüngeren Enzykliken nicht mehr.
[98] QA Rdn 72
[99] QA Rdn 72, 73

Berücksichtigung finden[100]. Darüber hinaus sollte die Entstehung privilegierter Gruppen innerhalb der Arbeiterschaft nicht zugelassen werden. Das Verhältnis zwischen Löhnen und Preisen sollte angemessen sein. Breiten Kreisen sollte der Zugang zu höherwertigen Waren gesichert werden. Unausgewogenheiten zwischen Industrie, Landwirtschaft und Dienstleistungsgewerbe sollten möglichst in Grenzen gehalten, technischer Fortschritt in den Produktionsprozessen gefördert und schließlich auch ein Beitrag zu nachhaltiger Wohlstandssicherung in der Zukunft geleistet werden. Umgekehrt muss steigender allgemeiner Wohlstand immer auch in entsprechenden Lohnerhöhungen seinen Ausdruck finden[101]. Die EKD-Unternehmerdenkschrift[102] ermuntert zudem ausdrücklich dazu, im Bereich der Entlohnung mehr Gleichberechtigung von Mann und Frau durchzusetzen.

Wegen der besonderen Bedeutung, die dem Besitz von Wissen, von Technik

---

[100] QA Rdn 75; MM Rdn 78,79
[101] MM Rdn 112
[102] EKDUnt Rdn 10

und von Können zukommt, gilt es als besonders wichtig, die Arbeitenden in die Lage zu versetzen, in ihren Unternehmen verantwortungsvollere Aufgaben zu übernehmen. Der Reichtum der Nationen beruht inzwischen zu einem größeren Teil auf diesen und weniger auf den natürlichen Ressourcen. Darum brauchen die Arbeitenden eine reichere Ausstattung mit Arbeitsmitteln, aber vor allem auch mehr Zeit für Ausbildung und Weiterbildung als in früheren Zeiten. Jugendlichen sollte ausreichend Zeit für Allgemeinbildung und berufliche Lehre gelassen werden.[103]

1.2. Die Gewerkschaften

Die Einstellung zum Streik als Arbeitskampfmittel hat sich in der Soziallehre sichtbar fortentwickelt. „Rerum Novarum"[104] warnt noch 1891 vor gemeinsamen Arbeitseinstellungen, weil diese nicht nur den Arbeitgebern und den Arbeitern selbst, sondern auch Handel und Industrie und dem gesamten öffentlichen Wohlstand

---

[103] MM Rdn 94-96; CA Rdn 108
[104] Rdn 31

schadeten. Außerdem gäben sie häufig Anlass zu Gewalt und Unruhen. Statt dessen müsse die Politik durch Anordnungen und Gesetze „dem Übel zuvorkommen" und die Ursachen der Konflikte beseitigen. Auch „Quadragesimo Anno"[105] stellt noch kurz und bündig fest, Arbeitseinstellungen seien verboten. Wenn die streitenden Teile sich nicht einigen könnten, müsse die Behörde schlichten. Im Ausgang des 19. Jahrhundert sah sich die Kirche zudem noch veranlasst, vor den sozialistischen Gewerkschaften zu warnen, da diese einer „einheitlichen geheimen Leitung" unterlägen, das Wohl der Religion und des Staates nicht achteten und diejenigen bedrohten, die nicht beitreten wollten[106].
Hervorgehoben und begrüßt werden aber entsprechende Vereinigungen auf dem Boden der Kirche. Tatsächlich haben sich katholische soziale Vereine und Genossenschaften sowie die christlichen Gewerkschaften auf der Grundlage von „Rerum Novarum" stark entwickelt[107].

---

[105] Rdn 94
[106] RN Rdn 40
[107] RN Rdn 40; QA Rdn 37

Erst „Gaudium et Spes"[108] erkennt den Streik als notwendiges, wenn auch letztes Mittel zur Verteidigung eigener Rechte und zur Durchsetzung gerechter Ansprüche der Arbeiter an. In diesem Sinne wird das Streikrecht bejaht. Es darf aber nicht, z.B. für politisches Taktieren, missbraucht werden. Den Gewerkschaften fällt die entscheidende Aufgabe zu, Mindestlohn und Arbeitsbedingungen auszuhandeln[109]. Spätestens nach den Erfahrungen mit der polnischen Solidarność hat sich diese Sicht auf die gesellschaftlichen Vereinigungen im Bereich der Arbeit in der Soziallehre durchgesetzt. „Centesimus Annus"[110] betont das natürliche Recht des Menschen, private Vereinigungen zu bilden. Deshalb habe die Kirche die Gründung von Gewerkschaften immer verteidigt und gebilligt. Die Soziallehre hält Gewerkschaften nicht für Teilnehmer am „Klassenkampf", wohl aber an dem Kampf für soziale Gerechtigkeit, und damit für ein gerechtes Gut. Dieser gerechtfertigte Einsatz für Arbeitnehmerrechte darf nicht in

---

[108] Rdn 68; ebenso LE Rdn 20
[109] CA Rdn 53
[110] Rdn 26; zuvor schon LE Rdn 20; PIT Rdn 11

Gruppen- oder Klassenegoismus ausarten und muss u.a. auch der allgemeinen Wirtschaftslage Rechnung tragen. .Arbeitnehmervertretungen wird aktuell eine zunehmend wichtige Rolle zuerkannt, weil gesellschaftliche und wirtschaftliche Veränderungen deren Interessenvertretung immer weiter erschwerten. Hervorgehoben werden auch die vielfältigen Möglichkeiten der Gewerkschaften in der Bildungs- und Erziehungsarbeit. Neue Aufgaben wachsen ihnen auf internationaler Ebene und auf neuen Konfliktfeldern, z.B. zwischen Arbeitenden und Konsumenten, zu. Als problematisch werden Tendenzen zur Entsolidarisierung eingeschätzt, wenn sich innerhalb von Betrieben Spartengewerkschaften bilden. Die Verfolgung kurzsichtiger Eigeninteressen ohne Rücksicht auf die Gesamtbelegschaft kann den sozialen Frieden gefährden. Empfohlen wird dafür eine gesetzliche Stärkung der Tarifeinheit.[111]

---

[111] CIV Rdn 25, 64; GW Gesellschaft, S. 48

1.3. Die Arbeitslosigkeit

Arbeitslosigkeit und Unterbeschäftigung beschränken faktisch die Möglichkeiten des Menschen, für sich selbst und seine Familie zu sorgen. Arbeitslosigkeit ist aber noch mehr als bloße Einkommenslosigkeit, weil sie die Menschen aus einem zentralen Lebensbereich der Gesellschaft ausschließt. Christliche Wirtschaftsethik sieht darin eine Verletzung der Würde der Arbeit und eine besondere sozialpolitische Herausforderung.[112] Die biblische Verpflichtung, im Schweiße seines Angesichts sein Brot zu verdienen, bedeutet gleichzeitig ein Recht. Eine Gesellschaft, die dieses Recht nicht durch wirtschaftpolitische Maßnahmen gewährleistet, kann weder sittliche Rechtfertigung noch gerechten sozialen Frieden erlangen. Dauerhafter Ausschluss von der Erwerbsarbeit ist nicht nur moralisch, sondern auch volkswirtschaftlich ein Problem. Als „furchtbare Geißel" gilt vor allem die Massenarbeitslosigkeit, die den Wohlstand ganzer Länder vernichtet und

---

[112] CA Rdn 149; CIV Rdn 63; PIT Rdn 10; GW Gesellschaft S. 21, 46

eine Gefahr für die öffentliche Ordnung, Ruhe und Frieden der ganzen Welt bedeutet. Hier sind der Staat und die ganze Gesellschaft in der Verantwortung. „Laudato si" hält fest, in der weltweiten sozialen Wirklichkeit von heute sei über die begrenzten Interessen der Unternehmen und einer fragwürdigen wirtschaftlichen Rationalität hinaus notwendig, mit Priorität das Ziel zu verfolgen, allen Zugang zur Arbeit zu verschaffen.[113] Der Staat sollte deshalb eine Wirtschaft fördern, die Produktionsvielfalt und Unternehmerkreativität begünstigt, und das Grundrecht aller Menschen auf Arbeit durch geeignete rechtliche Schritte durchsetzen. Gerechte Reformpolitik kann dabei u.U. auch in lohnpolitischer Vernunft liegen, die weder zu geringe, noch zu hohe Löhne zulässt. Die staatliche Wirtschaftspolitik sollte ausgeglichenes Wachstum und Vollbeschäftigung zum Ziel haben und die soziale Aufstiegsmobilität fördern. Arbeitslosenversicherungen und Umschulungen von Krisen- in Entwicklungssektoren sollten zur Verfügung stehen.

---

[113] QA Rdn 74; CA Rdn 52; EKGGT S. 14; LE Rdn 18; Ls Rdn 127, 129

Dem Bereich der Bildung kommt bei der Bekämpfung der Arbeitslosigkeit eine Schlüsselrolle zu. Bildung und Qualifizierung sind nicht nur wesentlich für Beschäftigungschancen auf dem Arbeitsmarkt. Sie dienen auch der Entfaltung der Persönlichkeit und sind maßgeblich für gesellschaftliche Teilhabe. Eine enge Verzahnung von Sozial-, Bildungs- und Arbeitsmarktpolitik gilt deshalb als dringend notwendig, um das Ziel der vollen Beteiligung aller an der Gesellschaft erreichen zu können. Bildungspolitik ist damit „vorsorgende Sozialpolitik", wie das „Gemeinsame Wort" von 2014[114] ausdrücklich feststellt.

2. Das private Eigentum

Wesentliches Anliegen der Enzyklika „Rerum Novarum" war 1891 der Nachweis der ethischen Berechtigung des privaten Eigentums, auch an Produktionsmitteln. Damit war zunächst die Gegenposition zu den sozialistischen Bestrebungen der damaligen Zeit markiert. Wesentlich ist

---

[114] GW Gesellschaft, S. 21, 50

aber, dass diese Enzyklika und die gesamte Soziallehre das Recht auf Privateigentum aus der menschlichen Arbeit herleiten. Von diesem Ausgangspunkt ergeben sich dann zwingend wesentliche Beschränkungen, denen das Eigentumsrecht „seiner Natur nach" unterliegt.

2.1. Das Recht auf Privateigentum

Das Privateigentum ist in der Soziallehre deshalb ein „natürliches" Recht, weil der Mensch mit und durch seine Arbeit Gegenstände erwirbt, die er als ein vernunftbegabtes Wesen nach eigenem Ermessen für sich, für seine Familie oder auch für zukunftsbezogene Dispositionen verwenden darf.[115] Insbesondere aus dem Zukunftsaspekt wird die Folgerung gezogen, dass das Eigentumsrecht nicht nur die persönlichen Gegenstände, sondern auch Produktionsmittel umfassen muss. Das gilt für jede Zeit, da ja der einzelne Mensch früher war als die bürgerliche Gesellschaft und diese auf den einzelnen Menschen zielt.
Wirtschaftliche Privatinitiative und

---

[115] RN Rdn 4-6 und 9

menschliche Freiheit überhaupt werden gegenstandslos, wenn dem Menschen die Möglichkeit genommen wird, die für die Ausübung seines Eigentumsrechts notwendigen Mittel selbst zu bestimmen. Insofern stellt das Privateigentum gleichsam eine Ausweitung der menschlichen Freiheit dar.[116]

Mit dieser Begründung betont die Soziallehre ausdrücklich einen wesentlichen Unterschied zur Lehre des Marxismus. Dieser hält wahre persönliche Freiheit erst nach der Vergesellschaftung der Produktionsmittel für möglich. „Mater et Magistra"[117] aber stellt im Gegenteil als „geschichtliche Wirklichkeit" fest: Wo ein politisches Regime dem Einzelnen das Recht auf Privateigentum an Produktionsmitteln verweigert, ist auch die menschliche Freiheit in wesentlichem Maße eingeschränkt.

Auch nach evangelischer Auffassung gehört persönliches Eigentum zur Freiheit und zu den Grundrechten des Menschen. Dieses Recht (nicht die konkrete Eigentumsordnung in einem bestimmten Gebiet) wird als biblisch begründet

---

[116] MM Rdn 109; GES Rdn 71
[117] A.a.O.

vorausgesetzt. Der Rückgriff auf biblische Orientierungen soll zu einem gelassenen und verantwortungsvollen Umgang mit anvertrauten Gütern und Gaben ermutigen. Das private Eigentum an Produktionsmitteln wird damit gerechtfertigt, dass es wirtschaftlich das Risiko bei den letztlich Entscheidungsberechtigten, den persönlich haftenden Unternehmern und Kapitaleignern belässt. Diese sind für Verluste und Fehlentscheidungen verantwortlich und eine vernünftige Gewaltenteilung zwischen Staat und Wirtschaft wird ermöglicht. Anderes soll allerdings gelten bei Betrieben mit ausgeprägt öffentlichem Interesse, z.B. die öffentliche Daseinsvorsorge wie Bahn, öffentlicher Nahverkehr, Post, Entsorgung, Krankenhäuser, Rundfunk usw.[118]

Die Soziallehre stellt ebenfalls klar, dass die Anerkennung des Rechts auf Privateigentum nicht die Berechtigung von Gemeineigentum in Frage stellt. In bestimmten Fällen hält sie auch die Aufteilung von Besitztümern für geradezu geboten, z.B. bei großem

---

[118] EKDGuE Rdn 44, 130; Körtner S. 330f; EKDUnt vor Rdn 25; H.H. Wendt (1897) in „Die protestantischen Wurzeln", S. 159

Landbesitz, wenn dieser in wirtschaftlich schwach entwickelten Ländern entweder kaum genutzt oder gar in spekulativer Absicht völlig ungenutzt gelassen wird.[119] Es bedarf aber immer sorgfältiger Prüfung, in welchen Fällen eher Privateigentum oder Gemeineigentum dem Wohl des Ganzen dient. Auch muss die Überführung in Gemeineigentum bestimmten Regeln genügen. Nur die zuständigen Behörden dürfen tätig werden. Enteignungen sind nur gegen angemessene Entschädigung und nur in dem Maße zulässig, wie es das Gemeinwohl erfordert.[120] Damit ist die Trennlinie zu einem Kollektivismus (z.B. sowjetmarxistischer Prägung) gezogen, der die grundsätzliche Individualfunktion des Eigentums gerade nicht anerkennt.

2.2. Die universale Bestimmung der Güter

Bei aller Betonung des menschlichen Rechts auf privates Eigentum stellt die Soziallehre von Anfang an klar, dass dieses Recht

---

[119] GES Rdn 71; CA Rdn 148
[120] GES a.a.O.; QA Rdn 46; LE Rdn 14; EKDGuE Rdn 137

keinesfalls absolut gilt. Bereits „Rerum Novarum" weist auf den Schöpfungsgedanken hin, demgemäß Gott die Erde dem ganzen Menschengeschlecht zu Gebrauch und Nutznießung übergeben hat.[121] Die Umweltenzyklika „Laudato si" hält diesen Satz von der Erde als ein gemeinsames Erbe, dessen Früchte allen zugute kommen müssen, für eine übereinstimmende Überzeugung sowohl von Gläubigen wie auch von Nichtgläubigen. Die Unterordnung des Privatbesitzes unter die allgemeine Bestimmung der Güter konstituiere ein allgemeines Anrecht auf den Eigentumsgebrauch und damit eine „goldene Regel" des sozialen Verhaltens und ein Grundprinzip der ganzen sozialethischen Ordnung. Dies steht dem auf menschliche Arbeit und Initiative gegründeten Sondereigentum zwar nicht entgegen, belastet dieses Recht jedoch von vornherein mit einer „sozialen Hypothek". Es hat damit wesentliche Bedeutung für die Inhaltsbestimmung und den Gebrauch des Eigentums. Denn der Mensch sollte aus diesem Grunde die Güter, die er zu Recht besitzt, nicht nur als sich selbst zu

---

[121] RN Rdn 7; CA Rdn 24; Ls Rdn 93

eigen, sondern auch als gemeinschaftlich betrachten.[122] Sie dürfen also nicht nur ihm selbst und seiner Familie, sondern sollen auch anderen zu Nutzen sein. Der Mensch trägt auch mit seiner Arbeit in einer „Solidaritätskette" zur Arbeit der anderen bei, die z.B. mit ihm im selben Unternehmen beschäftigt sind, etwa Lieferanten oder Kunden. Darin liegt die durchgängig in der Soziallehre postulierte Doppelseitigkeit des Eigentums.[123] Die individuelle Seite, das Recht auf Sondereigentum, und die soziale, dem Gemeinwohl zugeordnete Seite sorgen beide dafür, dass die vom Schöpfer der gesamten Menschheitsfamilie gewidmeten Erdengüter diesen ihren Zweck auch wirklich erfüllen können.

2.3. Die Sozialpflichtigkeit

Die Soziallehre unterscheidet zwischen Eigentumsrecht und Eigentumsgebrauch.[124] Das grundsätzlich anerkannte

---

[122] GES Rdn 69; CA Rdn 148
[123] QA Rdn 45
[124] RN Rdn 19; QA Rdn 47

Eigentumsrecht gilt nicht uneingeschränkt, sondern es ist in seinem Gebrauch in mehrfacher Hinsicht begrenzt. Unter Berufung auf Thomas von Aquin lehrt „Rerum Novarum,"[125] der Mensch solle die äußeren Dinge nicht wie Eigentum, sondern wie gemeinsames Gut betrachten und behandeln. Daraus leitet sich als wesentliche Konsequenz die Pflicht ab zum Einsatz des Eigentums für Notleidende. Thomas gesteht die angemessene – auch standesgemäße – Versorgung der eigenen Person und der Familie selbstverständlich zu. In zwei Fällen allerdings sieht er soziales Handeln als Pflicht „nicht der Gerechtigkeit, sondern der christlichen Liebe", also als ethisch, nicht rechtlich:
- wenn der Besitz das zugestandene Maß überschreitet, also im Falle des Überflusses, und
- wenn in der Person des Notleidenden das Ausmaß der Not existenziellen Charakter hat, also insbesondere bei Lebensgefahr.

Dementsprechend werden die „freien", bzw. „sehr große" Einkünfte in der

---

[125] Rdn 19

Soziallehre nicht dem persönlichen Belieben überlassen, sondern sie unterliegen einer „strengen Pflicht" zu sozialer Tätigkeit.[126]

In der evangelischen Wirtschaftsethik gibt es zwar eine derart enge Verknüpfung von Eigentumsgebrauch und Verpflichtung zu sozialem Handeln nicht. Auch hier ist aber Ausgangspunkt der Bewertung des Eigentumsrechtes, dass alles irdische Eigentum letztlich Gott gehört und den Menschen von ihm anvertraut ist. Damit ist das Eigentum von vornherein nicht absolut gesetzt und bleibt immer ein zu verantwortendes Recht. Die Güter der Erde als Lebensgrundlage für alle Menschen setzen dem Gebrauch des Eigentums auch nach dieser Meinung Grenzen. Die Institutsgarantie des Eigentums ist auf das Gemeinwohl bezogen.[127] Insbesondere bei unternehmerischem Eigentum wird daher eine entsprechende Verantwortung gesehen, die von den Unternehmern „freiwillig" wahrgenommen werden müsste, und die in der „Tradition der Sozialen

---

[126] QA Rdn 50f
[127] EKDGuE Rdn 130, 136; H.H. Wendt in „Die prot. Wurzeln", S. 158

Marktwirtschaft" liegt.[128] Positiv bewertet ist das unter dem Kürzel CSR (Corporate Social Responsibility) bekannte freiwillige, über das gesetzlich gebotene Maß hinaus gehende gesellschaftliche Engagement von Unternehmen. Dieses soll sich an ethischen Leitlinien orientieren. Letztlich kommt es darauf an, dass in persönlichem Glauben, innerer Haltung und Lebenserfahrung des Einzelnen die richtigen Gewissensentscheidungen in Wertekonflikten getroffen werden können.[129]

Die Soziallehre dagegen hat aus der sozialen Seite des Eigentums die Sozialpflichtigkeit relativ konkret und detailliert ausgestaltet. Danach soll auch die staatliche Gesetzgebung dabei helfen, das Gemeinwohl beim Gebrauch des Eigentums mit durchzusetzen.[130] Allerdings haben die ethischen Verpflichtungen beim Gebrauch von Besitz und Eigentum und das Eigentumsrecht selbst eine unterschiedliche Rechtsqualität: Letzteres bezeichnet die verpflichtenden Grenzen von Mein und Dein, ersteres

---

[128] EKDUnt Rdn 107, 109
[129] EKDUnt Rdn 113f
[130] QA Rdn 49

etwas sittlich Gebotenes. Daher bewirkt z.B. der Missbrauch des Eigentumsrechtes grundsätzlich nicht, dass dieses Recht dadurch verwirkt oder verloren ist.[131] Der staatlichen Gesetzgebung wird aber ausdrücklich die Regelungskompetenz eingeräumt, mit Rücksicht auf die Erfordernisse des allgemeinen Wohls im Einzelnen anzuordnen, was Eigentümer im Rahmen des Eigentumsgebrauches dürfen und was nicht. Solche gesetzlichen Bestimmungen höhlen dann auch nicht etwa das Eigentum aus, sondern tragen zu seiner inneren Festigung bei.[132]

Aus der Sozialpflichtigkeit folgt für den Eigentümer vor allem, dass er sein Eigentum überhaupt sinnvoll gebrauchen und einsetzen muss. Dabei stellt die Soziallehre besonders strenge Anforderungen an das Eigentum von Produktionsmitteln. „Centesimus Annus"[133] erklärt dieses Eigentum sogar für rechtswidrig, wenn es nicht produktiv eingesetzt oder dazu benutzt wird, die Arbeit anderer zu behindern. Eigentum, das zur Unterdrückung und Ausbeutung,

---

[131] QA Rdn 47
[132] QA Rdn 49
[133] Rdn 148

zur Spekulation und zum Zerbrechen der Solidarität von Arbeitenden, statt zur Ausweitung von Arbeit und gesellschaftlichem Reichtum genutzt wird, gilt als missbräuchlich und damit ohne jede Rechtfertigung.

3. Die wirtschaftliche Freiheit

Die Haltung der christlichen Sozialethik zur Wirtschafts- und Marktfreiheit wird ganz wesentlich bestimmt von dem christlichen Verständnis der Freiheit überhaupt. Wirtschaftliche Freiheit ist ein Element der menschlichen Freiheit. Diese wirkt u.a. als Bremse für staatliche Interventionen in die Wirtschaft.[134] Dabei darf aber nicht außer Acht gelassen werden, dass Sozialethre und -ethik die menschliche Freiheit niemals als schrankenlos ansehen. Immer liegt ein gebundener Freiheitsbegriff zu Grunde.[135] „Centesimus Annus" und die Soziallehre verbinden die Freiheit mit der Wahrheit. Eine Freiheit ohne diese Bindung werde zur Willkür. Sie überlasse den Menschen seinen

---

[134] CA Rdn 164
[135] CA Rdn 15, 59, 135; SRS Rdn 46

niedrigsten Leidenschaften und zerstöre am Ende sich selbst. Es sei ein Irrtum im Verständnis der menschlichen Freiheit, wenn diese vom Gehorsam gegenüber der Wahrheit und von der Pflicht entbunden werde, die Rechte des Menschen zu respektieren. Freiheit werde dann zur Selbstliebe, die Gott und den Nächsten verachtet, in der Verfolgung eigener Interessen keine Grenzen kennt und auf die Gerechtigkeit keine Rücksicht nimmt. Das gelte auch für die wirtschaftliche Freiheit. Wenn diese sich für autonom erkläre, nehme sie den Menschen nur noch als Produzent oder als Konsument wahr. Diese Verengung in der notwendigen Beziehung zum Menschen führe zur Entfremdung und letztlich zur Unterdrückung. Der Mensch sei letztlich nur dann ganz frei, wenn er zu sich selbst gekommen ist und in der Fülle seiner Rechte und Pflichten lebt.

Evangelische Stimmen[136] betonen in ähnlicher Weise unter Berufung auf Martin Luther das spezifisch christliche Verständnis von Freiheit als einer unauflöslichen Beziehung von Freiheit und Bindung sowie von Freiheit und Dienst. Nur ein solches

---

[136] EKDUnt Rdn 31 f; EKDGuE Rdn 101, 187

Freiheitsverständnis garantiere die Achtung der menschlichen Würde. Die im Rahmen organisierten wirtschaftlichen Handelns bestehenden Entscheidungs-Spielräume sollten in persönlicher Verantwortung dem eigenen Gewissen folgend wahrgenommen werden. Betrieblich notwendige Entscheidungen müssen mit sozialen und anderen Verpflichtungen ausgeglichen werden. Je größer die Verantwortung, desto höher ist auch das Maß der persönlichen Verpflichtung anzusetzen.

Die sozialethischen Grundsätze zur Wirtschaft lassen sich als Versuch einer Antwort auf die in der Geschichte immer wieder neu gestellte Frage nach dem Verhältnis von sozialer Gerechtigkeit und Freiheit verstehen.[137] Christen ist die Gebrochenheit der menschlichen Natur bewusst, die zu Großartigstem, aber auch zum Schrecklichsten fähig ist. Auch bei der Gestaltung der sozialen Institutionen gilt diese Ambivalenz des Menschlichen. Dem trägt das Modell der (inhaltlich verstandenen) Sozialen Marktwirtschaft Rechnung, weil es das menschliche Leistungsstreben und Konkurrenzverhalten in den Dienst

---

[137] so GW Gesellschaft, S. 58, 59

volkswirtschaftlicher Effizienz stellt, und gleichzeitig den marktwirtschaftlichen Wettbewerb auf das Gemeinwohl und im Wege des Sozialstaats auf mitmenschliche Solidarität hin orientiert. Die Verbindung von Freiheit und Marktwettbewerb mit einem System des sozialen Ausgleichs und der Solidarität gilt als ein moralisch begründetes Sozialmodell, das tief in der europäischen Kultur wurzelt.

4. Die Soziale Marktwirtschaft

Die grundlegenden Prinzipien der christlichen Wirtschaftsethik – vor allem die Bejahung des persönlichen Eigentums, auch an Produktionsmitteln, und der persönlichen, auch der unternehmerischen Freiheit – ergeben zwingend, dass letztlich nur ein marktwirtschaftliches Wirtschaftsmodell diesen Vorgaben genügen kann. Ebenfalls gehört die Möglichkeit des persönlichen Kapitalbesitzes notwendig dazu. Soziallehre und –ethik sprechen sich für ein solches Modell nicht nur im nationalen Rahmen, sondern tendenziell weltweit aus, also auch für wirtschaftlich weniger entwickelte Staaten. Nur diesem Modell wird zugetraut, Wohlstand für viele und soziale Mindestsicherung für alle zu schaffen. Anders als in einer Zentralverwaltungswirtschaft wäre Marktwirtschaft – soweit erforderlich - auch offen für bestimmte planwirtschaftliche Elemente, umgekehrt sieht man eine solche Systemoffenheit in der Planwirtschaft eher nicht. Die marktwirtschaftliche Ordnung hat ihre ökonomische Leistungsfähigkeit gerade auch im Vergleich mit anderen Modellen offenkundig bewiesen.[138] Grundsätzlich wird der freie Markt auf nationaler wie auf internationaler Ebene als das wirksamste Instrument für die Verteilung von Ressourcen und die Befriedigung menschlicher Konsumbedürfnisse angesehen. Auch der Einfluss einer freien Marktwirtschaft auf den Aufbau demokratischer Gesellschaften, z.B. nach dem Zusammenbruch des Kommunismus, mit stabilen Währungen, geordneten sozialen Beziehungen und gesundem Wirtschaftswachstum wird in der Soziallehre allgemein positiv bewertet.[139] Die Marktmechanismen

---

[138] CIV Rdn 39; EKDGuE Rdn 3;EKDUnt Rdn 1; Körtner S. 329
[139] CA Rdn 117, 66

fördern den Austausch von Gütern und Dienstleistungen der Wirtschaftstreibenden über den Abschluss von Verträgen. Sie helfen damit, besseren Gebrauch von vorhandenen Ressourcen zu machen, und stellen die Präferenzen von Menschen in den Mittelpunkt, die sich vertraglich mit denen anderer Menschen treffen. Als Regulativ des Gebens und Empfangens zwischen gleichwertigen Subjekten kann ein funktionsfähiger Markt das Prinzip der ausgleichenden Gerechtigkeit verwirklichen. Der Staat hat dann allerdings auch die Verpflichtung, einen solchen funktionierenden Wettbewerb der Marktteilnehmer sicherzustellen.[140] Aus diesen Gründen fällt die ordnungspolitische Option der christlichen Wirtschaftsethik so prinzipiell und einmütig zugunsten dieses Wirtschaftsmodells aus.

Die positive Bewertung von Markt und Wettbewerb sowie des freien Unternehmertums in der christlichen Sozialethik dürfen nicht absolut oder als Wert an sich verstanden werden. Marktwirtschaft spielt sich nicht in einem institutionellen, rechtlichen, kulturellen

---

[140] CA Rdn 137; CIV Rdn 35; EKDGuE Rdn 81

und politischen Leerraum ab. Entscheidend für seine Wirkungsweise sind die bestehenden Rahmenbedingungen.[141] Das marktwirtschaftliche System wird in der christlichen Wirtschaftsethik deshalb inhaltlich definiert. Seine Akzeptanz setzt die Erfüllung bestimmter wertmäßiger Kriterien voraus. Wesentliche Komponente im christlich-sozialen Ordnungsdenken ist die strikte Instrumentalität der Wirtschaft. Die Wirtschaft als ganze und die einzelnen wirtschaftlichen Mittel und Methoden werden ausschließlich im Hinblick auf ihre Funktion für den Menschen verstanden. Der Mensch wiederum ist dabei nicht in gedanklicher Engführung nur jeweils „Unternehmer", „Investor", „Konsument", „Anleger" usw., sondern er wird immer in seiner Gesamtheit und in seiner unaufhebbaren personalen Würde gesehen wie es dem christlichen Menschenbild entspricht. Jede einzelne Erscheinungsform des Wirtschaftslebens ist damit in eine Hierarchie der Werte[142] eingeordnet und kann von daher beurteilt werden. Dies unterscheidet christliche

---

[141] EKDGuE Rdn 6; CIV Rdn 35, 36
[142] QA Rdn 42 f; CA Rdn 99

Wirtschaftsethik wesentlich von theoretischen Ansätzen, die wirtschaftliche Sachverhalte und Institutionen nur isoliert und abstrakt aus sich selbst heraus beurteilen. Das ist der „Grundirrtum der individualistischen Wirtschaftswissenschaft,"[143] der die gesellschaftliche Natur der Wirtschaft verkennt. Sozialethik ordnet die wirtschaftlichen Einzelziele in eine umfassende gesamtmenschliche Wertehierarchie ein.
Wirtschaftsvorgänge werden nicht unter der theoretischen (und meist unzutreffenden) Annahme von im übrigen gleichbleibenden Verhältnissen („ceteris paribus"), sondern auf der Grundlage konkreter gesellschaftlicher Verhältnisse beurteilt.

Nach dem „obersten Grundsatz" der Soziallehre[144] ist der Mensch Träger, Schöpfer und Ziel aller gesellschaftlichen Einrichtungen und damit auch der Wirtschaft. Im evangelischen Verständnis ist die Verknüpfung des Sozialen mit dem Wirtschaftlichen, der sozialen Erfolges mit dem wirtschaftlichen Erfolg (neben Markt und staatlicher Rahmenordnung)

---

[143] So QA Rdn 88
[144] MM Rdn 219

wesentliches Kennzeichen der Sozialen Marktwirtschaft. Die Soziale Marktwirtschaft macht die Wirtschaft dem Menschen dienstbar und verhindert, dass dieser zu einer bloßen Funktion wirtschaftlicher Prozesse wird. Wirtschaft darf also nie aus sich selbst heraus, sondern muss immer im Rahmen ihrer gesellschaftlichen Funktion für den Menschen beurteilt werden. Dieses sog. „Personalitätsprinzip" ist Kernsatz und Grundlage der gesamten christlichen Wirtschaftsethik.

Die Verbindung der Marktfreiheit mit dem Ziel des sozialen Ausgleichs macht den Erfolg der Sozialen Marktwirtschaft aus. Diese ist dann nicht nur moralisch, sondern auch unter dem Aspekt nachhaltigen gesellschaftlichen Erfolges richtig.[145] Das konkrete Modell der Sozialen Marktwirtschaft in der Bundesrepublik Deutschland wird zwar als verbesserungsbedürftig, aber auch als verbesserungsfähig beurteilt.[146] Die fundamentale Zweckbestimmung des Wirtschaftsprozesses liegt sozialethisch[147] weder in bloßer

---

[145] GW Gesellschaft S. 20
[146] EKDGuE Rdn 36, 67
[147] GES Rdn 64, 65; GW Gesellschaft S. 15

Produktionsteigerung, noch im Gewinn, noch in der Ausübung von Macht, sondern nur im Dienst am Menschen und zwar am ganzen Menschen im Hinblick auf seine materiellen Bedürfnisse und auf sein geistig-sittliches Leben. Wirtschaftliche Aktivitäten, etwa unternehmerischer Art oder Transaktionen auf den Finanzmärkten, stellen keinen Selbstzweck dar und dürfen nie nur eigennutzorientiert gesehen werden. Ihr Ziel muss sein, die menschliche Entwicklung insgesamt zu befördern, Armut zu beseitigen und reale Freiheiten des Menschen zu vergrößern. Auch deswegen ist Gewinnmaximierung um jeden Preis niemals eine moralisch akzeptable Handlungsweise, insbesondere dann nicht, wenn sich mit ihr überhaupt kein realwirtschaftlicher Nutzen verbindet. Der wirtschaftliche Fortschritt darf der Herrschaft des Menschen niemals entgleiten. In evangelischer Sicht[148] ist Soziale Marktwirtschaft (unter Berufung auf Alfred Müller-Armack) nicht nur ein Verbundsystem von Marktwirtschaft und Sozialpolitik, sondern die Integration der

---

[148] EKDGuE Rdn 60; EKDUnt vor Rdn 96 und Rdn 100

Marktwirtschaft in eine Wirtschaftspolitik zur bewusst sozialen Steuerung des Marktes. Die Sozialordnung ist also nicht ein der moralischen Beruhigung dienendes Anhängsel der Wirtschaft oder gar eine Reparaturwerkstatt. Sie ist konstitutives und integrales Element der gesamten wirtschaftlichen Ordnung. Wäre sie weltweit verwirklicht, sollte sie eine gerechte Teilhabe aller ermöglichen und einen Beitrag zu Demokratie und Menschenrechten leisten. Nach dem Konzept der Sozialen Marktwirtschaft sind Gewinnorientierung und Wettbewerb daher nicht Sinn und Ziel des Wirtschaftens, sondern lediglich Instrumente, die der Versorgung mit notwendigen Gütern dienen.[149] Aufgabe der Wirtschaft ist es, in bestmöglicher Weise die materiellen Grundlagen für ein gutes, selbstbestimmtes Leben aller zur Verfügung zu stellen. Die Marktwirtschaft hat sich als das bestmögliche System herausgestellt, um unter Knappheitsbedingungen die materielle Bedarfsdeckung zu organisieren. Da sie dies aber nur in unvollkommener Weise vermag, bedarf der Markt einer Rahmenordnung zum Schutz des freien Wettbewerbs sowie

---

[149] EKDGuE, Vorwort S. 9

zum Schutz öffentlicher Güter und der Umwelt. Er braucht staatliche Sozialpolitik, um die gerechte Teilhabe aller sicher zu stellen.[150]

Soziale Marktwirtschaft ist kein statisches Modell. Sie braucht permanent die Anpassung an sich wandelnde wirtschaftliche und soziale Bedingungen. Aktuell sollte diese laufende ordnungspolitische Weiterentwicklung zu einer Erneuerung der Verantwortungskultur auf den Finanzmärkten und zu einer grundlegenden ökologischen Veränderung der Wirtschafts- und Lebensstile führen. Die soziale Marktwirtschaft sollte sich zu einer ökologisch-sozialen wandeln.[151] Diesem Ziel widmet sich durchgängig die jüngste Enzyklika „Laudato si", ohne allerdings den Begriff „ökologisch-soziale Marktwirtschaft" zu verwenden. Sie entwickelt die Perspektive einer „ganzheitlichen Ökologie", welche die menschliche und die soziale Dimension einbezieht. Angesichts des Ausmaßes der Veränderungen in der Umwelt seien spezifische und unabhängige Lösungen für Teilbereiche nicht mehr möglich.

---

[150] GW Gesellschaft, S. 57, 58
[151] GW Gesellschaft S. 22; Ls Rdn 137 ff

Entscheidend seien ganzheitliche Lösungen, welche die Wechselwirkungen der Natursysteme untereinander und mit den Sozialsystemen berücksichtigen. Nur ein solcher ganzheitlicher Zugang mache es möglich, die Armut zu bekämpfen, den Ausgeschlossenen ihre Würde zurückzugeben und zugleich für die Natur zu sorgen.

5. Das Wirtschaftswachstum

Die Frage des Wirtschaftswachstums ist sozialethisch - der durchgängigen Argumentation zur Sozialen Marktwirtschaft folgend - inhaltlich zu beantworten. Grundsätzlich wird wirtschaftliches Wachstum zur Finanzierung erforderlicher Investitionen, z.B. für technologische Weiterentwicklungen oder steigende Gesundheits- und Sozialkosten als auch in Zukunft erforderlich angesehen. Unternehmertätigkeit muss die wissenschaftlichen Fortschritte der Technik umsetzen. Dabei sollte jedoch kein „Automatismus" herrschen, der nur den Zweck sieht, Abläufe zu vereinfachen und Kosten zu verringern.[152] Stattdessen sollte das Wachstum im Sinne einer „Wirtschaftsökologie" umfassend die gegebene Wirklichkeit berücksichtigen und zu einer nachhaltigen Entwicklung führen. Umweltschutz muss in diesem Sinne von vornherein Bestandteil des Entwicklungsprozesses sein und darf nicht nur als eine gesonderte Beifügung gesehen werden. Wachstum sollte auch nicht mit weiteren Steigerungen des Ressourcen- und Umweltverbrauchs einhergehen. „Laudato si"[153] gibt in diesem Zusammenhang den Rat, die Gangart in bestimmten Fällen auch einmal bewusst zu verlangsamen. Teile der Welt könnten eine gewisse Rezession akzeptieren, wenn damit anderswo ein gesunder Aufschwung ermöglicht würde. Die technologisch fortgeschrittenen Gesellschaften sollten maßhalten, indem sie den eigenen Energiebedarf reduzieren und die Bedingungen der Güternutzung verbessern (s. dazu auch unten B. 15.).

---

[152] Ls Rdn 140, 141; GW Gesellschaft S. 35
[153] Rdn 193

6. Das Unternehmen und die unternehmerische Arbeit

Christliche Wirtschaftsethik versteht Unternehmen und Unternehmer nicht in erster Linie von ihrer Funktion am Markt, sondern von ihrem „actus personae", dem persönlichen Handeln, also von ihrer unternehmerischen Tätigkeit her. Die menschliche Seite dieser Arbeit ist der beruflichen aus „metaökonomischen Gründen" übergeordnet[154]. Die Vielzahl von Unternehmensformen findet so ihre Rechtfertigung nicht nur in den Bedürfnissen der Gesellschaft, sondern auch in der Würde des arbeitenden Menschen. Kleine und mittlere Betriebe, Genossenschaften, handwerkliche Betriebe und der landwirtschaftliche Familienbetrieb gelten deshalb als besonders förder- und schützenswert[155]. Soweit Großunternehmen aus Produktivitätsgründen notwendig sind, sollten sie die dort Arbeitenden über Elemente von Gesellschaftsverträgen unternehmerisch mit einbeziehen[156]. Ein Unternehmen ist niemals ausschließlich Kapitalgesellschaft, sondern immer eine

---

[154] CIV Rdn 41
[155] MM Rdn 84 und 85
[156] MM Rdn 84

Gemeinschaft von Menschen. Zum Unternehmenszweck tragen als Partner in unterschiedlicher Weise sowohl die Kapitalgeber wie auch diejenigen bei, die mit ihrer Arbeit daran mitwirken.[157]

Generell ist der spezifische Charakter unternehmerischer Arbeit, d.h. Planung und Organisation von Produktionsprozessen im Zusammenwirken vieler verschiedener Menschen und die Übernahme notwendiger Risiken, d.h. letztlich die wirtschaftliche Initiative Einzelner, als Quelle des Reichtums einer Gesellschaft sozialethisch anerkannt. Das gilt auch im weltweiten Maßstab.[158] Das Gesamturteil über eine Wirtschaftsordnung auf der Grundlage privaten Unternehmertums ist damit positiv. Dies liegt daran, dass Wurzel einer solchen Ordnung die Freiheit des Menschen ist, der sich in der Wirtschaft wie auf vielen anderen Gebieten verwirklicht. Das Recht auf wirtschaftliche Freiheit schließt dabei aber wie immer die Pflicht ein, von dieser Freiheit verantwortlich Gebrauch zu machen (s. dazu oben B. 3.). Die Unternehmer-Denkschrift der EKD

---

[157] CA Rdn 147
[158] CA Rdn 109; SRS Rdn 15

beschreibt als Ideal ein freies schöpferisches unternehmerisches Handeln, das sich zugleich sozial verpflichtet weiß.[159]
  Vor allem in den größeren Unternehmen sind i.d.R. die Funktionen von Kapitaleignern und Management getrennt. Damit tritt diese Form des Managements immer häufiger an die Stelle eines Unternehmertypus, der sich selbst noch als Repräsentant der Grundwerte Sozialer Marktwirtschaft sah. Diese bei Großunternehmen übliche Trennung von Eigentum und Management gilt - sozialethisch gesehen - grundsätzlich als Hindernis für die Durchsetzung des Gemeinwohlerfordernisses. Manager von Großbetrieben sind typischerweise in der Gefahr, nur noch eine möglichst hohe Dividende für den Anteilseigner ohne Rücksicht auf die Beschäftigten anzustreben. Zudem haften die Manager nicht mit dem eigenen Vermögen und kassieren in vielen Fällen extrem hohe Abfindungen trotz eigenen Versagens oder gar Scheiterns. Hier ist die staatliche Gesetzgebung

---

[159] CA Rdn 111; EKDUnt Rdn 138

aufgerufen, für angemessene Lösungen zu sorgen[160].

Maßstab für die Bewertung von Unternehmen und für die Entlohnung von Managern sollte der nachhaltige Unternehmenserfolg sein, nicht kurzfristige Kriterien, wie etwa die Steigerung der Aktienkurse. Aktuell muss dabei das Prinzip der Haftung wieder stärker zur Geltung gebracht werden. Boni ohne Mali sollte es nicht mehr geben, weder für Manager noch für Investoren.[161]

Unternehmen gelten als prinzipiell gefährdet, wenn sie sich nur gegenüber ihren Investoren verantwortlich sehen, weil sie damit an Bedeutung für die Gesellschaft verlieren.[162] Das Unternehmen hat also neben den Eigentümerinteressen auch die Interessen der sog. „stakeholder", d.h. der Arbeitnehmer, Kunden, Zulieferer und der Standortgemeinde zu beachten. Gegenüber einem kurzfristigen Gewinn ist der langfristige Bestand des Unternehmens wichtiger. Dies sollten alle Beteiligten als „Grundüberzeugung"

---

[160] MM Rdn 104; EKDUnt Rdn 16
[161] GW Gesellschaft, S. 26
[162] CIV Rdn 40

im Auge behalten[163]. Die soziale Verantwortung der unternehmerischen Tätigkeit geht daher weit über gegebene praktische Beispiele für „Corporate Social Responsibility" (CSR) oder unternehmerisches gesellschaftliches Engagement hinaus, das als Zusatz zu der im übrigen davon unbeeinflussten Wirtschaftstätigkeit geleistet wird. Die sozialethischen Kriterien für Investitionen und der Vorrang der menschlichen Arbeit vor dem Kapital zeigen, dass der Unternehmer bereits im Kern seiner Tätigkeit – bei aller Anerkennung seiner unternehmerischen Freiheit und der Gewinnerzielung – die gesellschaftlichen Auswirkungen seines Handelns mit berücksichtigen muss. Der unternehmerische sog. „stakeholder value" gewinnt damit eine sozialethisch zentrale Bedeutung.

7. Die Teilhabe (Mitbeteiligung und Mitbestimmung)

Die aus dem Wesen der menschlichen Arbeit abgeleiteten Forderungen erschöpfen sich nicht in der gerechten Verteilung des

---

[163] CIV a.a.O.

Arbeitsertrages. Vielmehr folgt die Soziallehre aus der menschlichen Natur selbst, dass derjenige, der produktiv arbeitet, grundsätzlich auch in der Lage ist, den Gang der Dinge mitzubestimmen. Gerade durch seine Arbeit kann er ja auch seine Persönlichkeit entwickeln. Wenn der Mensch also arbeitet und sich dabei der Gesamtheit der Produktionsmittel bedient, möchte er, dass die Früchte ihm und anderen zugute kommen und dass er Mitverantwortlicher und Mitgestalter an der Stätte seiner Tätigkeit sein darf.[164] Danach ist jeder, der arbeitet, auch schöpferisch tätig. In diesem „actus personae", der jeder Arbeit innewohnt, wurzelt die Mitunternehmerschaft aller, die in einem unternehmerischen Betrieb arbeiten. Diese prinzipielle Mitunternehmerschaft entspricht sowohl der Würde des arbeitenden Menschen wie auch den Bedürfnissen der Gesellschaft[165]. Deshalb sollte sich ein Lohnarbeitsverhältnis immer stärker einem Gesellschaftsverhältnis annähern und letztlich zu Mitbesitz, Mitverwaltung oder Gewinnbeteiligung führen. Dies

---

[164] MM Rdn 82; LE Rdn 15
[165] CIV Rdn 41

erfordert entsprechende Anpassungen des Rechts auf dem Gebiet des Eigentums an Produktionsmitteln und wird ausdrücklich auch den industriell weniger entwickelten Ländern der sog. Dritten Welt empfohlen.[166] Zumindest in der Zukunft sollte damit die neugeschaffene Güterfülle in breitem Umfang den Lohnarbeitern und nur in einem gerechtfertigten Maße den Kapitalbesitzern zufließen[167].

Aus dieser sozialethischen Wertschätzung der menschlichen Arbeit und aus der gebotenen Teilhabegerechtigkeit ergeben sich wesentliche Folgerungen für die Unternehmensverfassung, vor allem die Ertrags- oder Kapitalbeteiligung der Arbeitenden und deren Mitbestimmung. Zahlreiche Unternehmen in den wirtschaftlich fortgeschrittenen Staaten wenden entsprechende Modelle bereits mit gutem Erfolg praktisch an. Wirtschaftsethisch gesehen handelt es sich dabei nicht um bloße Instrumente der Personalgewinnung oder –führung. Die Beteiligungsrechte ergeben sich vielmehr unmittelbar aus dem (schöpferischen) Charakter der

---

[166] QA Rdn 65; LE Rdn 14
[167] MM Rdn 77

menschlichen Arbeit. Beteiligungen dieser Art sind deshalb eine gesellschaftspolitische Aufgabe. Sie sollten keine Einzelfälle sein, sondern in breitestem Umfang die unternehmerische Praxis prägen. Staatliche Gesetzgebung kann und sollte durch steuer-, arbeits- und kapitalrechtliche Regelungen derartige Modelle konsequent fördern.

Die Form der aktiven Teilnahme der Arbeitenden an dem sie beschäftigenden Unternehmen ist offen. Sie kann nicht in allen Fällen gleich sein und ergibt sich auch aus der jeweiligen konkreten Lage des Unternehmens. Die Soziallehre ermuntert zur Mitbeteiligung an den Betrieben und zu organisierter Selbsthilfe durch die Gründung von Produktions-, Konsum- und Kreditgenossenschaften, die auch der Volks- und Berufsbildung dienen können[168]. Ziel ist es in jedem Falle, aus Unternehmen trotz aller Verschiedenheit der Aufgaben und Pflichten echte menschliche Gemeinschaften zu bilden.[169]

Mitwirkung und Mitbestimmung der Arbeitenden sollten nicht als Gegensatz

---

[168] CA Rdn 57
[169] MM Rdn 57

zum privaten Eigentum an Produktionsmitteln gesehen werden. Die Erfahrung zeigt, dass Mitsprache und Mitgestaltungsrechte eine konstruktive, den Wirtschaftsprozess und die Leistungskraft des Unternehmens fördernde Wirkung haben.[170] Eine gut ausgebildete und durch vielfältige Beteiligung motivierte Belegschaft ist gerade das für den Unternehmenserfolg entscheidende Kapital. Die dadurch freigesetzten kreativen Energien steigern den Unternehmenserfolg.

Für die Mitbestimmung, also die Beteiligung der Arbeitenden an den Entscheidungen in Betrieb und Unternehmung, sollten gesetzliche Regelungen sorgen. Diese können dann den Rahmen bilden für die Entwicklung einer vertrauensvollen Kultur der Arbeitsbeziehungen. Die entsprechenden gesetzlichen Regelungen in Deutschland werden aus evangelischer Sicht im Grundsatz befürwortet[171].

Dasselbe gilt für die deutschen Regelungen zur Mitarbeiterbeteiligung am Kapital der Unternehmen.[172] Für

---

[170] EKDUnt Rdn 56; EKDGuE Rdn 134
[171] EKDUnt Rdn 61, 62
[172] EKDUnt Rdn 66

das Unternehmen verbessert sich die Ausstattung mit haftendem Eigenkapital, die Identifikation der Mitarbeiter mit ihrem Unternehmen steigt und die Arbeitenden sind an einem Unternehmenserfolg direkt beteiligt. Allerdings tragen sie auch ein beachtliches Risiko und können im Insolvenzfall doppelt betroffen sein: mit ihrem Arbeitsplatz und mit ihrem Vermögen. Eine Insolvenzsicherung wäre dafür keine saubere Lösung, denn diese widerspräche dem Grundgedanken einer unternehmerischen Mitbeteiligung. Zudem mindert sie deutlich die mögliche Rendite der Beteiligung. Deshalb muss in diesen Fällen strikt der Grundsatz der Freiwilligkeit gelten. Ein guter Weg kann aber auch in reinen Ertragsbeteiligungen ohne Kapitaleinsatz liegen.
Grundsätzlich können solche Beteiligungsmodelle das wichtige gesellschaftspolitische Anliegen sinnvoll mit befördern, breiten Schichten der Bevölkerung eine Vermögensbildung zu ermöglichen[173].

---

[173] EKDUnt Rdn 66, 67

8. Die Investitionen

Ausführlich befasst sich die Soziallehre mit den Grundsätzen für Investitionen. Dafür werden aus der Verantwortung der Unternehmen für das Gemeinwohl und für ihre „stakeholder" heraus Zwecke benannt,[174] die weit über rein betriebswirtschaftliche Kosten-Nutzenanalysen hinausgehen und denen Investitionen idealerweise dienen sollten. Im Einzelnen sollten Investitionen:

- die Realwirtschaft fördern,
- zu einem angemessenen Leben des Einzelnen und der Gemeinschaft beitragen,
- ausreichende Arbeitsmöglichkeiten für die heutige und die künftige Bevölkerung schaffen,
- außer den aktuellen Konsumbedürfnissen auch den Bedarf künftiger Generationen berücksichtigen,
- bei Gelegenheit auch wirtschaftlichen Initiativen in Entwicklungsländern dienen.

---

[174] CIV a.a.O.; GES Rdn 70

Diese Verpflichtungen betreffen alle, die über Investitionen zu entscheiden haben, seien es Einzelne, Gruppen oder staatliche Instanzen. Immer sind solche Entscheidungen nicht nur wirtschaftlicher, sondern auch moralischer und kultureller Art[175]. Vor diesem Hintergrund werden gerade auch nicht gewinnorientierte („Non-profit"-) Organisationen gewürdigt, deren Gewinn humanen und sozialen Zwecke dient. Die Staaten sind angehalten, diese Organisationen entsprechend rechtlich und steuerlich zu fördern.[176]

9. Der Gewinn

Der unternehmerische Gewinn ist in seiner Funktion als Indikator für den Zustand des Unternehmens sozialethisch als gerechtfertigt anerkannt[177]. Die Gewinnentwicklung kann zeigen, ob die Produktionsfaktoren sachgemäß eingesetzt sind und der Bedarf der Menschen durch das Unternehmen gebührend gedeckt wird. Gewinn darf allerdings nicht unter Verletzung der Würde der im

---

[175] GES Rdn 70; CA Rdn 127
[176] CIV Rdn 46
[177] CA Rdn 121

Unternehmen arbeitenden Menschen erzielt werden. Unternehmensziel ist eben generell nicht nur die Gewinnerzielung, sondern die Verwirklichung einer Gemeinschaft der Arbeitenden. Entscheidend für die sozialethische Wertung des unternehmerischen Gewinns ist, dass dieser niemals als Selbstzweck oder als Wert an sich anzusehen ist. (S. dazu auch oben B.4.)

10. Die Soziale Gerechtigkeit

Gerechtigkeit unter Menschen herrscht nach der Definition von „Gemeinwohl und Eigennutz",[178] wenn die öffentlichen Angelegenheiten des gemeinsamen Lebens so bestellt sind, dass alle ihnen zustimmen können. Die Sozialethik unterscheidet den Inhalt des Begriffs „soziale Gerechtigkeit" je nach der Art der wirtschaftlichen Beziehungen. Die „Tauschgerechtigkeit" kann idealerweise ein funktionsfähiger Markt mit fairer Preisbildung herstellen. Im Unterschied dazu stellt die „Verteilungs- oder distributive Gerechtigkeit" das ideale Ergebnis einer

---

[178] EKDGuE Rdn 151

gleichen Verteilung der Güter in den Vordergrund. Für die Frage einer gerechten Entlohnung von Arbeit spielen die „Leistungs-" und die „Bedarfsgerechtigkeit" eine Rolle, die im sozialen Rechtsstaat in ein menschengerechtes Verhältnis zueinander zu setzen sind.[179] „Soziale Gerechtigkeit" umfasst alle diese Bereiche und wird auch als „Teilhabe- oder Beteiligungsgerechtigkeit" bezeichnet. Diese ist das beherrschende Thema der Sozialethik, denn allein das Marktprinzip der Gleichwertigkeit der getauschten Güter ist offensichtlich nicht in der Lage, für den sozialen Zusammenhalt aller zu sorgen. Einen solchen sozialen Konsens brauchen Markt und Marktwirtschaft jedoch für ihr Funktionieren. Markt gibt es außerdem praktisch nicht in einer reinen Form, sondern immer nur in einem jeweils konkreten gesellschaftlich-kulturellen Umfeld.[180] Die Gerechtigkeitsfrage ist damit eingebunden in größere soziale und gesellschaftliche Zusammenhänge.

---

[179] EKDUnt Rdn 28
[180] EKDGT Rdn 59 f; CIV Rdn 35 f

Die Enzyklika „Mater et Magistra"[181] sieht Anlass zu der Klarstellung, dass die Kirche mit der Anerkennung des Rechts auf Privateigentum keineswegs jeden gegenwärtigen Stand der Eigentums- und Vermögensverwaltung rechtfertigen will. Vielmehr soll die Verteidigung des Eigentums als individuelles menschliches Recht einem ethisch-sozialen Ziel dienen. Nicht das Privateigentum, sondern gerade die Vorenthaltung von Eigentum für viele wird vor dem Hintergrund weltweiter Armut als das eigentliche Problem angesehen. Das Ungleichgewicht wächst auch aktuell noch: Während die Einkommen einiger weniger exponentiell steigen, entfernt sich die Mehrheit immer weiter von diesem Wohlstand. Da sich der „gottgewollte Zweck" des Eigentumsrechts nicht mit jeder beliebigen Güter- und Reichtumsverteilung erreichen lässt,[182] ist breite Streuung des Eigentums geboten. Weltweit sollte zum Nutzen wirtschaftlicher und sozialer Entwicklung leichter und breiter Zugang z.B. zu langlebigen Gebrauchsgütern, Wohnhaus, Grundstück, Gerätschaften

---

[181] Rdn 111; ebenso Kortner S. 330f
[182] QA Rdn 57; CA Rdn 25; EG Rdn 56

für den handwerklichen oder bäuerlichen Privatbetrieb oder auch zu in Wertpapieren verbrieften Kapitalbeteiligungen an Großunternehmen bestehen.[183]

Daraus folgt eine politische Verpflichtung zu aktivem Handeln, um die großen und aktuell wachsenden wirtschaftlichen Ungleichheiten und die damit verbundene persönliche und soziale Diskriminierung zu beseitigen.[184] Schon „Quadragesimo Anno"[185] nennt es „Sünde einer satten Bourgeoisie", in naiver Gedankenlosigkeit als „natürliche Ordnung" anzusehen, dass ihr alles zufalle und der Arbeiter leer ausgeht. Keineswegs beabsichtige die Soziallehre, den gegenwärtigen Stand der Eigentums- und Vermögensverteilung einfach hinzunehmen. Im Gegenteil: „Evangelii Gaudium" erklärt 2013 rundweg, die herrschende soziale Ungleichheit bis zur physischen Ausschließung von Menschen sei nicht mehr zu tolerieren[186] und erinnert in diesem Zusammenhang

---

[183] MM Rdn 115
[184] GES Rdn 56; EG Rdn 57; EKDGT Rdn 64; EKDGuE Rdn 17, 24
[185] Rdn 57
[186] EG Rdn 53; MM Rdn 111

an die Worte des Kirchenlehrers Johannes Chrysostomos (347 – 407): „Die eigenen Güter nicht mit den Armen zu teilen, bedeutet, diese zu bestehlen". Für die aktuell noch nicht gelöste Aufgabe, unter den Bedingungen der Globalisierung einen gerechten Ausgleich im Sinne einer „Sozialen Marktwirtschaft des 21. Jahrhunderts" zu organisieren, sollte die möglichst umfassende soziale Inklusion und Partizipation aller Menschen ethisches Leitbild sein.[187]

Nicht immer war die Haltung der Soziallehre in dieser Frage so eindeutig. „Rerum Novarum"[188] sieht noch eine „Naturordnung" in der bürgerlichen Gesellschaft, nach der es hoch und niedrig, arm und reich unveränderlich gebe. Eine „Gleichmachung" sei nicht möglich, da in der Menschheit die Anlagen, wie Fleiß, Gesundheit und Kräfte ungleich verteilt seien. Dies habe unvermeidlich Ungleichheiten in der Lebensstellung und im Besitz zur Folge. Das gesellschaftliche Dasein erfordere sogar eine Verschiedenheit von Kräften und Mannigfaltigkeit von Leistungen, zu denen gerade die Ungleichheit in der

---

[187] GW Gesellschaft S. 21
[188] RN Rdn 15

Lebensstellung antreiben könnte. Spätere Enzykliken rücken von dieser Haltung jedoch ab. „Centesimus Annus" stellt klar, dass „Rerum Novarum" hier nicht als Rechtfertigung gesellschaftlicher Ungleichheit verstanden werden dürfe. Vielmehr strebe auch diese Enzyklika in ihrem „Hauptinhalt" an, das „Fundament der Gerechtigkeit" in der damaligen Wirtschaft und Gesellschaft zu errichten.[189]

Die Kritik an der ungleichen Verteilung der irdischen Güter gehört in diesen Zusammenhang, weil angesichts gewachsener sozialer Ungleichheiten gerechte Teilhabe auch eine Frage von Einkommen und Vermögen ist. Einkommens- und Verteilungsgerechtigkeit fallen insoweit zusammen. Soziallehre und –ethik haben im Laufe ihrer Entwicklung auch viele andere Forderungen aus der Gerechtigkeit in dem oben beschriebenen Sinne abgeleitet. So gehören von Anfang an die Rechte und Pflichten von Arbeitnehmern und Arbeitgebern, vor allem die Entlohnung, zu den „Vorschriften der

---

[189] CA Rdn 19

Gerechtigkeit".[190] Die gesamte Lehre vom Rechts- und Wohlfahrtsstaat gründet sich ebenfalls darauf.[191] Eine grundlegende „Pflicht" der Gerechtigkeit ist zudem die Einbeziehung künftiger Generationen.[192] Nachhaltige Entwicklung setzt eine Solidarität zwischen den Generationen voraus. Die Erde, die wir empfangen haben, gehört auch den Menschen, die erst noch kommen werden.

11. Die Subsidiarität

Zur Bestimmung der Grenzen von Kompetenzen in einer marktwirtschaftlichen Wirtschaftsordnung dient das von der Soziallehre entwickelte Subsidiaritätsprinzip. Dieser zuerst in „Quadragesimo Anno"[193] erläuterte „höchst gewichtige sozialphilosophische Grundsatz" besagt: Was der Einzelmensch aus eigener Initiative und mit eigenen Kräften leisten kann, darf ihm nicht entzogen und der Gesellschaft

---

[190] RN Rdn 16; GW Gesellschaft, S. 22
[191] Z.B. QA Rdn 5, 25 u.v.a.
[192] Ls Rdn 159
[193] Rdn 79, 80

zugewiesen werden. Es verstößt gegen die Gerechtigkeit, einer übergeordneten Gemeinschaft Kompetenzen zuzuweisen, die kleine und untergeordnete Gemeinschaften wahrnehmen können. Gesellschaftliche Tätigkeit ist also ihrem Wesen nach immer subsidiär, d.h. sie unterstützt die einzelnen Glieder des Sozialkörpers, darf diese aber niemals zerschlagen oder aufsaugen. Grundsätzlich gilt, je sorgfältiger dieses Ordnungsprinzip beachtet werde, desto besser stehe es um die gesellschaftliche Autorität und Effektivität. Auch im Bereich der Wirtschaft darf das übergeordnete gesellschaftliche System, z.B. der Staat nicht willkürlich Kompetenzen an sich ziehen. Allenfalls im Notfall ist der Staat als übergeordnete Instanz gefordert, einer unteren Instanz zu helfen, so dass diese ihr eigenes Handeln mit anderen gesellschaftlichen Kräften im Sinne des Gemeinwohls abstimmen kann.
Aufgaben des Staates sind danach, zu fördern, anzuregen, zu regeln, Lücken zu schließen und Vollständigkeit zu gewährleisten. Das Subsidiaritätsprinzip gewährt auf allen Ebenen Freiheit für die Entwicklung vorhandener Fähigkeiten, verlangt zugleich aber von demjenigen, der mehr Macht besitzt, auch mehr

Verantwortlichkeit für das Gemeinwohl. Schließlich soll das Subsidiaritätsprinzip über die innerstaatlichen Beziehungen hinaus auch jene Beziehungen regeln, welche zwischen einer universalen politischen Autorität und den Staatsgewalten einzelner Nationen bestehen.[194]

„Centesimus Annus"[195] entwickelt den Gedanken der Subsidiarität weiter und knüpft daran allgemeine Folgerungen für die gesellschaftliche Natur des Menschen. Dieser finde als Gemeinschaftswesen seine Erfüllung nicht im Staat. Vielmehr verwirkliche sich menschliche Subjektivität in verschiedenen Zwischen- und Untergruppen der Gesellschaft, von der Familie bis zu vielen anderen wirtschaftlichen, sozialen, politischen und kulturellen Vereinigungen, die – immer innerhalb des Gemeinwohls – ihre eigene Autonomie besitzen. Dies bezeichnet die Enzyklika (CA) als „Subjektivität der Gesellschaft" und stellt fest, insbesondere die Praxis des „realen Sozialismus" habe diese Art von

---

[194] MM Rdn 53; CA Rdn 165; Ls Rdn 196; PIT Rdn 74
[195] CA Rdn 46

menschlicher Subjektivität zerstören wollen.

Das Subsidiaritätsprinzip in der Wirtschaft begründet also einen Vorrang für die private Initiative der Einzelnen. Diese werden entweder allein oder in vielfältiger Verbundenheit mit anderen zur Verfolgung gemeinsamer Interessen tätig. Es entspricht auch evangelischer Auffassung, dass die Entscheidung der Gesellschaft für das dezentrale Entscheidungssystem „Marktwirtschaft" auf einem Werturteil beruht.[196] Konsequenz daraus ist z.B., dass das Privateigentum nicht übermäßig beschränkt oder gar ganz verdrängt werden darf. Dabei ist durchaus anerkannt, dass der moderne Staat im Interesse des Gemeinwohls immer mehr und größere Aufgaben übernehmen muss. Dennoch sollten öffentliche Unternehmen Privaten zur Weiterführung überlassen werden, sobald dies möglich ist. In diesen Zusammenhang gehört auch die Warnung vor dem „Versorgungsstaat", der direkt eingreift und die Gesellschaft ihrer Verantwortung beraubt mit der Folge eines Verlustes an menschlicher Energie, bürokratischer Aufblähung des

---

[196] EKDGuE Rdn 38

Staatsapparates und unverhältnismäßiger Ausgabensteigerung.[197]

Ein Beispiel für die konkrete Umsetzung sozialethischer Ansätze unter kritischer Würdigung nach dem Subsidiaritätsprinzip ist das in der Bundesrepublik Deutschland am 1. Januar 2015 in Kraft getretene Gesetz zum Mindestlohn. Dieses Gesetz sieht die Einführung eines allgemeinen Mindestlohnes und die Festsetzung weiterer Branchenmindestlöhne vor. Beabsichtigt ist damit der Schutz von Arbeitnehmern vor Niedriglöhnen. Zugleich soll der Wettbewerb zwischen den Unternehmen nicht zu Lasten der Arbeitenden durch niedrigere Löhne, sondern durch bessere Produkte und Dienstleistungen geführt werden. Die Bemessung der Höhe des Mindestlohnes orientiert sich an einem alleinstehenden Vollzeitbeschäftigten, der bei durchschnittlicher Wochenarbeitszeit ein Monatseinkommen oberhalb der Pfändungsfreigrenze, d.h. oberhalb eines pauschalen Existenzminimums, erreichen soll. Außerdem berücksichtigt die Bemessung einen moderaten

---

[197] MM Rdn 117, 51; CA Rdn 166

Selbstbehalt und Sonderkosten, die typischerweise durch die Erwerbstätigkeit entstehen. Diese in der Amtlichen Begründung[198] aufgeführten Gesichtspunkte entsprechen durchaus sozialethischen Grundsätzen. Das „Gemeinsame Wort" von 2014[199] befürwortet denn auch bereits vor Erlass des Gesetzes grundsätzlich einen derartigen Mindestlohn. Es erinnert in demselben Zusammenhang allerdings auch an das Subsidiaritätsprinzip. Insoweit sind tatsächlich Zweifel anzumelden, da das Gesetz bereits bei seinem Erlass einen Dokumentations- und Kontrollmechanismus mit Geldbußen installiert. Verstöße gegen die Mindestlohnpflicht durch die Gesetzesunterworfenen werden also von vornherein unterstellt. Die Gesetzesbegründung verwirft auch von Anfang an eine denkbare, weniger einschneidende Regelungsalternative, nämlich den von dem Gesetz begünstigten Arbeitnehmern die Durchsetzung ihrer Rechte jeweils individuell zu überlassen. Die Subsidiarität hätte es jedoch eher geboten, zunächst die

---

[198] BT-Drucks. 18/1558
[199] GW Gesellschaft, S. 48

Anwendungspraxis des Gesetzes abzuwarten. Erst <u>nach</u> der Feststellung von Umsetzungsmängeln hätte dann der Staat als „übergeordnete Instanz" mit seiner Überwachungsbürokratie in dem konkret als notwendig erkannten Maße mit schärferen Regeln eingreifen können.

12. Die Solidarität und andere immaterielle Werte

Wirtschaft ist in der Sicht der christlichen Wirtschaftsethik ein Instrument zur Erreichung gesellschaftlicher und ethischer Ziele. Die Merkmale einer menschengerechten Wirtschaftsordnung sind deshalb nicht nur formal zu bestimmen. Notwendig ist auch im Wirtschaftsleben die Orientierung an immateriellen Werten. „Evangelii Gaudium"[200] verwahrt sich ausdrücklich dagegen, Ethik in der Wirtschaft nur mit „spöttischer Verachtung" zu sehen, da sie Geld und Macht relativiere und angeblich kontraproduktiv für das wirtschaftliche Handeln sei. In Wahrheit rufe sie den Menschen zu seiner vollen

---

[200] Rdn 57

Verwirklichung, mache ihn unabhängig von jeder Art der Unterjochung und ermögliche eine Gesellschaft im Gleichgewicht und mit menschlicher Ordnung. Deshalb reichen die Prinzipien Selbsterhaltung, Eigennutz und Gewinnstreben für das wirtschaftliche Handeln allein nicht aus.[201] Auch wenn eingeräumt wird, dass der Bereich der Wirtschaft seine eigene Sachlogik hat, der ein Investor, Dienstleister, Produzent oder Konsument auf dem Markt jeweils folgen muss, so ist Wirtschaft doch auch auf die Maßstäbe des gemeinsamen Lebens angewiesen. Die moralischen Regeln, die im gesellschaftlichen Umgang geboten sind, gelten auch auf dem Markt. Anderenfalls, wenn Haltungen wie Gier und Maßlosigkeit propagiert und praktiziert werden, zersetzt sich der gesellschaftliche Zusammenhalt mit fatalen Folgen vor allem für die Schwächsten. In der Konsequenz des christlichen Gebotes zur Nächstenliebe sollte der Eigennutz in eine Ordnung der Gegenseitigkeit eingebunden sein. Dem Gebot der Nächstenliebe wird universale Geltung zugesprochen, da es angesichts von Unrecht und Not keine

---

[201] EKDGuE Rdn 139; GW Gesellschaft, S. 12, 58

Haltung der Gleichgültigkeit geben dürfte. Hier ist auch die kirchliche „Option für die Armen" einzuordnen. Diese Option ist eine Konsequenz aus der gemeinsamen Bestimmung der Güter der Erde und aus der Menschenwürde, die auch den Schwachen der Gesellschaft zukommt. Angesichts des Zustandes der modernen Welt sieht „Laudato si" in dieser Option heute eine grundlegende ethische Voraussetzung für eine effektive Verwirklichung des Gemeinwohls.[202]

Neuerdings wird mit dem Begriff des „Beziehungswohlstands" etwa die Pflege und Fortentwicklung sozialer Beziehungen, Erziehung, liebevolle Zuwendung, Förderung der Gemeinschaft und Achtung statt Ausbeutung der Schöpfung umschrieben.[203] Dieser „Beziehungswohlstand" sollte in eine neue Balance gebracht werden mit der Steigerung des materiellen Wohlstandes, der in den letzten Jahrzehnten in der Gesellschaft im Zentrum gestanden habe. All dies sollte dann münden in die Fortentwicklung der

---

[202] LS Rdn 158
[203] GW Gesellschaft, S. 22

sozialen zu einer ökologisch-sozialen Marktwirtschaft (dazu oben B. 4.).

Aus dieser Sicht kann etwa das Ordnungsprinzip der Subsidiarität nur eng verbunden mit einem immateriellen Prinzip, nämlich der Solidarität, verwirklicht werden.[204] Subsidiarität ohne Solidarität führt zu sozialer Ausgrenzung, Solidarität ohne Subsidiarität umgekehrt aber auch zu einem Sozialsystem, das die Bedürftigen entmündigt und erniedrigt. Solidarität leitet sich zunächst her aus der sozialen Dimension der Arbeit als der Quelle des Gemeinwohls. D e Solidarität der arbeitenden Menschen richtete sich in der Geschichte gegen die Ausbeutung auf dem Gebiet der Löhne, der Arbeitsbedingungen und der Vorsorge für die Person des Arbeiters. Solidarität war damit sozialethisch das Mittel gegen die Erniedrigung des Menschen, der das eigentliche Subjekt der Arbeit ist.[205] Solidarität ist aber auch weit darüber hinaus als Ausdruck geschwisterlichen Geistes unter den Menschen notwendiges Element einer guten Wirtschaftsordnung. Als „grundlegendes Prinzip der christlichen

---

[204] CIV Rdn 58; EKDGT Rdn 62
[205] CA Rdn 23, 148; LE Rdn 8

Auffassung von einer gesellschaftlichen und politischen Ordnung" leitet „Centesimus Annus" dieses Prinzip aus der Gemeinschaftsbestimmung aller irdischen Güter ab. So gesehen beansprucht es national und international Gültigkeit. In seiner spezifisch christlichen Variante gründet sich Solidarität theologisch auf die Liebe, die über die Gerechtigkeit hinausgeht, und letztlich auf den Glauben an eine transzendentale Berufung des Menschen (die Liebe Gottes zu den Menschen).[206]

Sozialethisch folgen vielfältige praktische Konsequenzen für das wirtschaftliche Handeln aus dem Solidaritätsprinzip. Zunächst ist immer besonderer Wert auf das Gemeinwohl zu legen. Eine übersteigerte individualistische Denkweise ist zu überwinden. Unentgeltliche Leistungen sollen beispielgebend wirken, um wirtschaftliche Entwicklung menschengerecht gestalten zu können. In der Sozialehre gilt die Familie als hervorragendes Beispiel für eine solche Arbeits- und Solidaritätsgemeinschaft.[207]

---

[206] CIV Rdn 6, 19; CA Rdn 36
[207] CIV Rdn 7, 39; CA Rdn 168

Die evangelische Seite[208] hebt in diesem Zusammenhang die wirtschaftliche Bedeutung des karitativen und sozialen Engagements im „Non-Profit"-Bereich hervor. Ohne die Gründer z.B. der großen diakonischen Werke im 19. Jahrhundert sei weder der deutsche Sozialstaat noch die diesen unterstützende soziale Zivilkultur denkbar. An unternehmerischem Engagement, Energie, Innovationskraft, Durchsetzungsfähigkeit und Zielorientierung stünden die sozialen Gründerpersönlichkeiten gewerblichen Unternehmern in nichts nach. Auch den heutigen sozialen Unternehmungen komme in den weniger entwickelten Ländern große Bedeutung zu, nicht nur wegen punktueller Wohltätigkeit, sondern weil nur solche neuen Einrichtungen und Projekte strukturelle Missstände dauerhaft beheben könnten.

13. Der Staat und das politisches System

Allgemein beschreibt das Subsidiaritätsprinzip in der Sozialethik die Einordnung des Staates in die

---

[208] EKDUnt Rdn 19

wirtschaftlichen Abläufe. Daneben gibt es aber auch konkrete Zuweisungen von einzelnen Aufgaben an den Staat. Zunächst ist eine marktwirtschaftliche Ordnung entscheidend abhängig von der Sicherung der individuellen Freiheit und des Eigentums, einer stabilen Währung und von leistungsfähigen öffentlichen Diensten. Dies hat der Staat zu gewährleisten. Ihm kommt selbstverständlich die Aufgabe zu, Gesetzgebung und Verwaltung so einzurichten, dass das Wohlergehen der Einzelnen wie der Gemeinschaft gesichert ist. Dabei müssen die Rechte der Staatsangehörigen gewahrt sein. Jedem muss das Seine zukommen, alle Verletzungen der Gerechtigkeit müssen abgewehrt werden. Die Soziallehre weist bei dieser allgemeinen Beschreibung der Staatsaufgaben von Anfang an dem Staat eine ganz besondere Fürsorge für die besitzlose Masse, insbesondere für den Rechtsschutz der Lohnarbeiter zu. Diese seien – anders als die Wohlhabenden – praktisch völlig von staatlicher Fürsorge abhängig. Außerdem sei es eine Forderung der Gerechtigkeit, dem Arbeiter von dem, was er zum allgemeinen Wohl beiträgt, soviel zurückzugeben, dass er in

Sicherheit hinsichtlich Wohnung, Kleidung und Nahrung leben kann."Pacem in Terris" stellt kurz und bündig fest, die Existenzberechtigung aller öffentlichen Gewalt ruhe in der Verwirklichung des Gemeinwohls.[209]

Der Staat hat also zu gewährleisten, dass jene, die arbeiten und produzieren, die Früchte ihrer Arbeit genießen und sich angespornt fühlen können, ihre Arbeit effizient und redlich zu vollbringen. Zudem sollte der Staat den Wirtschaftsprozess überwachen, allerdings ohne dabei die Verantwortung der einzelnen und der verschiedenen Gruppen und Vereinigungen auf diesem Gebiet zu unterlaufen. Er hat das Recht und die Pflicht, Monopole zu bekämpfen, welche die Entwicklung behindern. Wo einzelne Unternehmen oder gar ganze Branchen die Bahnen des Gemeinwohls verlassen, muss der Staat diesem Missbrauch der Freiheit wirksam Grenzen setzen. Aber auch Aufgaben der Wirtschaftsförderung kommen ihm zu, z.B. sollte er Unternehmen so unterstützen, dass günstige Voraussetzungen für die Sicherung von Arbeitsplätzen entstehen. Auch sollte er die Unternehmertätigkeit

---

[209] RN Rdn 27,26,29; CA Rdn 34; PIT Rdn 32

dort, wo sie sich als unzureichend erweist, anregen und in Zeiten der Krise unterstützen. Dasselbe gilt für schwache oder neu entstehende Wirtschaftszweige. Der Staat muss zudem dafür sorgen, dass mit einer Wohlstandsteigerung auch sozialer Fortschritt verbunden ist, damit der Effekt allen Bürgern zugute kommt [210] Die Konsolidierung des Staatshaushalts bleibt bei allen diesen staatlichen Aufgaben dringlich. Hohe Staatsschulden gelten als problematisch, da sie die Handlungs- und Gestaltungsfähigkeit der öffentlichen Hand zu stark einschränken.[211]

Im Hinblick auf die vom Gemeinwohl dringend gebotenen staatlichen Interventionen in die Wirtschaft soll der Primat der Politik gelten. Andererseits sollten solche Eingriffe aber auch möglichst immer zeitlich begrenzt sein. Den betroffenen Unternehmen oder gesellschaftlichen Gruppen sollten die ihnen zukommenden Kompetenzen nicht auf Dauer entzogen werden. Generell gilt,

---

[210] MM Rdn 52; CA Rdn 162, 163; GW Gesellschaft S. 17
[211] GW Gesellschaft, S. 28

dass Umfang und Ausmaß staatlicher Interventionen die wirtschaftliche und die bürgerliche Freiheit nicht unangemessen beschädigen dürfen.[212]

Eine notwendige Voraussetzung für das Funktionieren des Staates unter Berücksichtigung der Subsidiarität ist die Beteiligung aller Bürger an den allgemeinen Angelegenheiten gemäß ihren jeweiligen Kompetenzen. Einzeln oder gemeinsam, vermittelt durch Repräsentanten oder direkt, sollten sie sich am kulturellen, sozialen, politischen und wirtschaftlichen Leben beteiligen. Dies gilt sogar als Christenpflicht. Die angemessene politische Regierungsform für eine solche Beteiligung ist damit natürlicherweise die Demokratie.[213] Dies ist seit langem selbstverständlicher Konsens in der gesamten christlichen Sozialethik. Die EKD-Denkschrift „Gemeinwohl und Eigennutz" setzt die Zustimmung evangelischer Christen zur freiheitlichen Demokratie generell voraus. Sie stellt fest, dass Marktwirtschaft zwar keineswegs immer mit demokratischer Willensbildung verbunden ist, wohl aber

---

[212] CA Rdn 164
[213] GES Rdn 75; CA Rdn 155; Kompendium Rdn 189, 190

ein demokratischer Verfassungsstaat immer mit Marktwirtschaft. Diese Verbindung von Demokratie und Marktwirtschaft sei kein historischer Zufall.[214] Dabei ist weiter vorausgesetzt, dass wahre Demokratie nur in einem Rechtsstaat und nur auf der Grundlage eines bestimmten Menschenbildes möglich ist. Wenn selbst in Ländern mit demokratischen Regierungsformen die Menschenrechte nicht immer respektiert werden, das Gemeinwohl nur nach der Zahl der Wählerstimmen oder der Finanzkraft von Lobby-Gruppen definiert wird und dadurch z.T. politische Beteiligung und Gemeinsinn der Bürger Schaden leiden, gelten solche Erscheinungen als Entartungen der Demokratie. Einzelinteressen sind dann nicht mehr angemessen in die umfassende Sicht des Gemeinwohls eingeordnet.[215] Die Denkschrift mahnt an, dafür Sorge zu tragen, dass sich auch die wirtschaftliche Ordnung selbst in die Demokratie einfügt. Die jeweilige Art des Wirtschaftens muss demokratieverträglich sein. Als Herausforderung oder gar Bedrohung der politischen Demokratie durch die

---

[214] EKDGuE Rdn 2, 69, 81; s. auch Körtner S. 309
[215] CA Rdn 156, 160

Wirtschaft gilt vor allem die Macht großer Konzerne. Internationalisierung und Globalisierung schaffen für diese Unternehmen zunehmend Möglichkeiten, sich dem nationalen Recht zu entziehen. Diesem Prozess sollte das internationale Recht mit entsprechenden Regelwerken gegensteuern.[216]

Der heute selbstverständliche demokratische Konsens herrschte nicht immer in der Geschichte von Soziallehre und -ethik. „Quadragesimo Anno"[217] plädiert noch im Jahre 1931 für eine „ständische Ordnung" als gesellschaftspolitisches Ziel, um die Interessengegensätze der Klassen, Feindseligkeit und Streit abzubauen. Dieser auf dem damaligen Zeitgeist beruhende offensichtliche Irrweg ist in der Soziallehre aber nicht weiter verfolgt worden. Während noch „Pacem in Terris" 1963 feststellt, es könne nicht ein für allemal entschieden werden, welche Staatsform die geeignetere sei, bekennt sich „Centesimus Annus"[218] später klar zur Demokratie (ohne allerdings auf die

---

[216] EKDGuE Rdn 28, 29, 81
[217] Rdn 82
[218] PIT Rdn 41; CA Rdn 155

früher abweichende Meinung hinzuweisen).

14. Das Finanzwesen

Die gesamte Wirtschaft hat in der christlichen Wirtschaftsethik instrumentalen Charakter und ist strikt ausgerichtet auf die Bedürfnisse des Menschen als soziales und als Einzelwesen (dazu oben B. 4.). Diese grundsätzliche Instrumentalität gilt noch einmal in besonderer Weise für die Finanzwirtschaft. In der Wertehierarchie hat die Realwirtschaft klar Vorrang vor den Instrumenten der Kapital- und Finanzmärkte. Dem gesamten Finanzsystem ist die Aufgabe zugewiesen, zielgerichtet „echte Entwicklung" zu unterstützen. Die ganze Wirtschaft und das ganze Finanzwesen – nicht nur einige ihrer Bereiche – sollen nach ethischen Maßstäben als Werkzeuge gebraucht werden. „Evangelii Gaudium"[219] bringt das sozialethische Prinzip für die Geldwirtschaft auf den Punkt: „Das Geld muss dienen und nicht regieren". Die Enzyklika sieht die eigentliche Ursache

---

[219] Rdn 58

der die moderne Welt erschütternden Finanzkrisen anthropologisch: als eine grundlegend gestörte Beziehung der Menschen zum Geld. Widerspruchslos werde dessen Vorherrschaft über Mensch und Gesellschaft hingenommen. Diese Leugnung des Vorranges des Menschen habe neue, erbarmungslose Götzen geschaffen. Die Fetischisierung des Geldes bedeute Diktatur einer Wirtschaft ohne Gesicht und ohne menschliches Ziel. Die Finanzmärkte sollten sich also wieder in Richtung einer „dienenden Rolle" wandeln, d.h. das Kapital muss der Realwirtschaft und damit den Lebensmöglichkeiten der Menschen dienen Wo diese Leitperspektive verloren geht, geht auch das Vertrauen in die Wirtschaft verloren.[220]

Die Finanzinstrumente in ihrer Vielfalt sind damit keineswegs von vornherein in Bausch und Bogen verworfen. Im Gegenteil: Die positive Bedeutung der Finanzmärkte für die Entwicklung vieler Länder ist - bei allen Zweifeln an der gegenwärtigen Funktionsfähigkeit der Finanzmärkte - anerkannt. Konstatiert werden

---

[220] GW Gesellschaft S. 16; CIV Rdn 65; EKDUnt Rdn 83

erhebliche Wohlfahrtsgewinne und bessere Risikoverteilung als Folge gut regulierter Kapitalmärkte. „Vorteilhafte Innovationskraft" wird sogar Hedge-Fonds zugebilligt – wirksame und ausreichende Regulierung immer vorausgesetzt. Ebenso gilt unter dieser Voraussetzung die Verbriefung von Bankkrediten zum Verkauf an institutionelle Investoren als wirksames Mittel, um bestehende Risiken besser verteilen und damit die Stabilität der Finanzmärkte erhöhen zu können. Positive Erwähnung finden auch die Erfahrungen mit dem genossenschaftlichen Kreditwesen, Finanzinstrumente zur Förderung von Entwicklungsprojekten und Mikrofinanzinstrumente.[221] Generell empfohlen werden Finanzinstrumente, die von der Eigenverantwortung des Anlegers ausgehen.[222] Es geht also nicht um radikale Reduzierung oder gar Abschaffung des Finanzwesens, sondern um die Erneuerung seiner Strukturen und Funktionsweisen. Anerkannt ist, dass die dazu notwendigen ordnungspolitischen

---

[221] EKDUnt Rdn 75, 81,83; CIV Rdn 65; GW Gesellschaft S. 7
[222] CIV Rdn 65

Weichenstellungen rein national nicht zu leisten sind und nicht greifen können.[223]

Schon in den frühen Dokumenten der Soziallehre waren die Verhältnisse auf den Kapital- und Finanzmärkten z.T. scharf verurteilt worden. Mit der Zusammenballung von Macht und ihrer Verfügungsmacht über den Kredit bestimmten die Beherrscher und Lenker des Finanzkapitals den „Blutkreislauf der Wirtschaft" nach ihrem Willen. Ungezügelte Konkurrenzfreiheit und „absolute Autonomie der Märkte" sowie „skandalöse Spekulation" zu Lasten der schwächeren Marktteilnehmer sei Ursache dieser Missstände. Ein struktureller Nachteil wird darin gesehen, dass das Kapital global agieren kann, während der Faktor Arbeit an die Realwirtschaft gekoppelt bleibt, weil Arbeitnehmer nach wie vor in hohem Maße ortsgebunden sind. In der Analyse der ab 2007 einsetzenden Finanzkrise[224] wird zunächst das menschliche Versagen in Gestalt von Maßlosigkeit und einer bis ins Kriminelle gesteigerten Selbstherrlichkeit und Gier mancher Finanzmarktakteure angeprangert. Solche individuellen

---

[223] GW Gesellschaft S. 16
[224] EKDUnt Rdn 83, 84; GW Gesellschaft, S. 24

Schuldzuweisungen an bestimmte Personen und Institutionen gelten jedoch nicht als hinreichend, solange die strukturellen Ursachen solcher Krisen nicht definiert und beseitigt sind. Banken sollten sich nicht an kurzfristigen Renditeerwartungen orientieren, da sie damit die Finanzmarktstabilität gefährden und ihrer Verantwortung gegenüber Einlegern und Kreditnehmern nicht gerecht werden. Die Forderung nach den Grundsätzen eines ehrbaren Kaufmannes für das Geschäftsverhalten auf den Finanzmärkten wird als grundsätzlich richtig unterstützt. Darüber hinaus wird aber von der staatlichen Wirtschaftspolitik im ordnungspolitischen Sinne auch gefordert, verfehlte Anreizstrukturen zu identifizieren und zu beseitigen, die zur Missachtung nachhaltiger Grundsätze und zur Eingehung extrem hoher, nicht mehr überschaubarer Risiken verleiten. Schließlich habe sich die angebliche Beherrschbarkeit großer und größter Risiken als Illusion herausgestellt. Insbesondere die „Ideologisierung der Deregulierung" auf den Finanzmärkten sei durch die Krise widerlegt worden. Diese Märkte brauchten eine stabile Rahmenordnung, um das

Marktgeschehen in gemeinwohldienliche Bahnen zu lenken.[225]

Anzustreben ist also sowohl eine Änderung des Verhaltens der Marktteilnehmer wie auch eine auf die richtigen Ziele ausgerichtete Regulierung. Wenn die Kirchen auch einräumen, nicht die Sachkompetenz für ein Urteil über die geeigneten Instrumente für Bankenaufsicht und Finanzmarktordnung zu besitzen, finden sich doch einige konkrete Empfehlungen an die Politik:

- Die Aufsicht über die Finanzmärkte sollte – auch international – ausgebaut und verbessert werden.
- Leistungsfähige Institutionen wie Bankenaufsicht, Steuerverwaltung usw. sind zu schaffen bzw. zu stärken.
- Es ist dafür zu sorgen dass Risiken von denen getragen werden, die sie eingehen, statt von Dritten oder von der Allgemeinheit.
- Weltweite Regelungen über verstärkte

---

[225] QA Rdn 105-107; EG Rdn 56; CIV Rdn 65; GW Gesellschaft S. 7 f, 25; EKDUnt Rdn 81, 82

Eigenkapitalvorhaltung sind anzustreben.
- Markttransparenz und –disziplin sind zu verbessern, auch über Selbstverpflichtungen der Finanzmarktakteure.

Befürwortet wird auch die (unter dem Begriff „Tobin-Steuer" bekannt gewordene) Steuer auf bestimmte Finanztransaktionen zur Verhinderung kurzfristiger Spekulation. Langfristige Kredite und Realinvestitionen sollten allerdings nicht darunter leiden. Auch werden systematische Abgrenzungsschwierigkeiten eingeräumt. Selbstverständlich wird internationale Abstimmung zur Vermeidung von Umgehungen für notwendig erachtet.[226] Die Währungspolitik sollte sowohl das Wohl der eigenen Nation wie auch das fremder Nationen im Auge behalten. Sie muss dafür sorgen, dass durch Geldwertschwankungen nicht gerade wirtschaftsschwache Länder ungerecht geschädigt werden.[227] Auch wird ein energisches Vorgehen gegen verzweigte Korruption und internationale

---

[226] EKDUnt Rdn 86
[227] GES Rdn 70

Steuerhinterziehung angemahnt.[228] Steuerpflicht gilt nicht nur als rechtliche, sondern auch als moralische Bürgerpflicht. In internationaler Kooperation müssen Steuerbetrug und Steuerhinterziehung effektiv verhindert und verfolgt werden.

Ein anschauliches Beispiel für die Anwendung der Grundsätze der Soziallehre auf finanzwirtschaftliche Fragestellungen hat schon 1928 Oswald von Nell-Breuning vorgelegt. Nell-Breuning (1890 – 1991) war einer der führenden Vertreter dieser Lehre und Mitverfasser von „Quadragesimo Anno". In seiner Dissertation „Grundzüge der Börsenmoral"[229] vermeidet der Autor eine religiös begründete einfach moralisierende Sicht. Er versteht die Börse als einen mit besonderer Technik ausgebildeten Markt innerhalb der kapitalistischen Wirtschaftsordnung. Die Markttechniken und ihre Entwicklung sieht er unabhängig von dem moralischen Wert menschlicher Handlungen auf diesem Markt. Deshalb

---

[228] EG Rdn 56; EKDUnt Rdn 85; GW Gesellschaft, S. 30
[229] Reprint der Ausgabe von 1928, Münster 2002; Bespr. von Hardieck in Wertpapiermitteilungen 17/2004, 855f

interessieren ihn die mit der Börse verbundenen Missbrauchsmöglichkeiten und die tatsächlichen Missbräuche. Deren empirisch feststellbare weite Verbreitung führt den Autor zu der Frage, ob dies nicht die Abschaffung der Börsen und deren Ersatz durch andere Mittel des Tauschverkehrs rechtfertige. Letztlich kommt er aber zu dem Schluss, die Wirtschaft sei auf leistungsfähige Börsen angewiesen.

Die ethischen Maßstäbe für das Verhalten der Marktteilnehmer entwickelt Nell-Breuning aus der volkswirtschaftlichen Funktion der Börse. Diese sieht er letztlich in dem Nutzen für die realwirtschaftliche Arbeitsteilung und für den Güter- und Leistungsaustausch. Dabei ist das Erwerbsstreben des Börsenhändlers aber nicht abstrakt bereits in sich selbst gerechtfertigt. Auch die Auffassung, das Selbstinteresse des Einzelnen führe ganz von selbst zur gesellschaftlichen Bedarfsdeckung, weist Nell-Breuning zurück. Stattdessen klopft er jede einzelne Börsenerscheinung und jedes einzelne Marktverhalten ab auf den jeweiligen Beitrag zu einer volkswirtschaftlichen Funktion und ordnet es in eine „Hierarchie der Zwecke" ein. So gelangt er zu differenzierten Werturteilen. Gerechtfertigten Gewinn soll es nur für echte Leistung geben. Reine Börsenkurs-Manöver fallen damit von vornherein durchs Raster. „Spekulieren, damit andere kalkulieren können",[230] z.B. arbeitsteilige Risikoübernahmen durch professionelle Börsenhändler im Terminhandel, werden dagegen als echte „Leistung" ethisch anerkannt.

Die moderne schier unüberschaubare Vielfalt derivativer Finanzprodukte wäre von diesem Standpunkt aus äußerst kritisch zu beurteilen. Ein realwirtschaftlicher Nutzen solcher Finanzwetten praktisch ohne Bezug zu den jeweiligen Fundamentalwerten ist nicht mehr erkennbar. Den Finanzmarktakteuren fehlt in diesen Fällen nach Nell-Breunings eigener Formulierung die „wirtschaftliche Dienstgesinnung". Deshalb kommt er zu einer klaren sozialethischen Ablehnung der „reinen" Spekulation, d.h. einer solchen, die nicht den Zweck einer Absicherung konkreter realwirtschaftlicher Risiken verfolgt.

Aus heutiger Sicht wäre noch ein weiterer entscheidend wichtiger Aspekt hinzuzufügen: die Frage der

---

[230] Nell-Breuning a.a.O. S. 129

Funktionsfähigkeit der Finanzmärkte. Die Sozialethik hat Märkte und Marktfreiheit immer nur in dem Maße anerkannt und gebilligt, wie diese Märkte in der Lage waren und sind, echte Tauschgerechtigkeit herzustellen. Die strukturell vermachteten Finanzmärkte sind in diesem Sinne aber keine funktionsfähigen Märkte. Die Skandale um die Ratingagenturen, die zeitweise gleichzeitig auf der Anbieterseite (als „Designer") und als Bewerter von Finanzprodukten agieren konnten, oder die Manipulation von Referenzzins- und Währungssätzen, z.B. des Libor-Satzes, durch wenige beteiligte Bankhäuser haben - gleichsam als die Spitze eines Eisberges – aufgezeigt, dass das Finanzmarktgeschehen nicht von den Marktkräften Angebot und Nachfrage, sondern von wenigen mit Marktmacht ausgestatteten Akteuren bestimmt wird. Die Marktgegenseite ist vom Einfluss auf entscheidende Marktfaktoren strukturell ausgeschlossen. Hier kann nur durch gesellschaftliche (politische und rechtliche) Maßnahmen gegengesteuert werden: Für die Rating-Agenturen gibt es inzwischen klarere gesetzliche Regelungen. Die Libor-Manipulationen arbeiten die

Strafgerichte auf. „Laudato si" bedauert zu Recht, dass nach der Finanzkrise 2007/2008 die Gelegenheit verpasst worden sei, die „spekulativen Finanzaktivitäten" und den „fiktiven Reichtum" grundlegend neu zu regeln. Allein die Rettung der Banken reiche nicht aus.[231] Die Beispiele zeigen den Bedarf an staatlicher Rahmenregelung, um das ausgeuferte Eigenleben der Finanzmärkte zu stoppen und diese wieder für die Realwirtschaft funktionsfähig zu machen.

15. Die internationalen Wirtschaftsbeziehungen

„Populorum Progressio" stellt 1965 fest, die „soziale Frage" habe in der Gegenwart eine weltweite Dimension bekommen. Von dieser Grundposition aus beurteilen Sozaillehre und –ethik die Fragen der Globalisierung und der internationalen wirtschaftlichen Zusammenarbeit. Sie entwickeln daraus die Forderung, die Leitlinien der Sozialen Marktwirtschaft Schritt für Schritt weltweit anzuwenden und tragfähig zu machen. Damit soll eine

---

[231] Ls Rdn 189

gerechte Teilhabe aller möglich werden. In Zeiten der Globalisierung umfasst der Einsatz für das Gemeinwohl die gesamte Menschheitsfamilie.[232] Die globalisierte Welt eröffnet zwar den armen Ländern neue Entwicklungschancen. Auf der anderen Seite zeigen sich aber auch neue Formen der Ausbeutung von Mensch und Natur. Das Phänomen Globalisierung sollte nicht passiv oder fatalistisch als Naturgewalt verstanden, sondern von der Wirtschafts- und Finanzpolitik aktiv gestaltet werden. So beanspruchen die früher in der Soziallehre entwickelten Grundsätze auch in der internationalen Dimension Geltung. Ziel des Handelns ist weiterhin die umfassende, ganzheitliche Entwicklung für jeden Menschen auf der Basis der allgemeinen Menschenrechte.[233] Auch aus evangelischer Sicht muss die globale wirtschaftliche Entwicklung nicht nur mit Demokratie und Menschenrechten vereinbar sein, sondern sie muss aktiv zu deren Verwirklichung beitragen. In

---

[232] PP Rdn 3; CIV Rdn 7,42; EKD Zukunft Rdn 33;EKDUnt vor Rdn 96; GW Gesellschaft, S. 8, 36
[233] PP Rdn 14,19; zu den Menschenrechten: PIT Rdn 6 ff

der Weltwirtschaft stellen sich danach drei große Aufgabenfelder:[234]

- die internationale Arbeitsteilung, d.h. der Welthandel mit Waren und Dienstleistungen
- die internationale politische Kooperation
- der Ausbau eines weltweiten Transfersystems zur Bekämpfung von Armut und zur Abwendung von Notlagen.

    Entwicklung ist sozialethisch immer qualitativ zu verstehen und kann nicht einfach gleichgesetzt werden mit wirtschaftlichem Wachstum. Mehr zu haben ist weder für den einzelnen Menschen noch für die Völker das höchste Ziel. Technischer und wirtschaftlicher Fortschritt werden zwar grundsätzlich positiv bewertet, da jeder Mensch berufen ist, sich zu entwickeln und – nach seinen jeweiligen Möglichkeiten – Verantwortung dafür zu tragen. Entwicklung ist sogar, wie „Populorum Progressio"[235] formuliert, „der neue Name für Frieden". Das Streben nach materiellen Gütern darf

---

[234] EKDUnt Rdn 100; EKDGuE Rdn 82
[235] Vor Rdn 76

sich aber nicht verabsolutieren und zu einem ausschließlichen Wert werden. Denn dann verhindert es das innere Wachstum des Menschen und steht seiner wahren menschlichen Größe entgegen. Von der Habsucht infiziert zu sein, gilt geradezu als „moralische Unterentwicklung".[236] Elend und Ungerechtigkeit zu bekämpfen, heißt also nicht nur, die äußeren Lebensverhältnisse zu verbessern, sondern auch, am geistigen und sittlichen Fortschritt aller für menschengerechte Entwicklungsziele zu arbeiten. Freizügigkeit, Meinungsfreiheit und Minderheitenrechte sind dabei ebenso zu berücksichtigen wie die Achtsamkeit gegenüber kulturellen Unterschieden[237] (s. dazu auch oben B. 4.).

Ausgehend vom Grundsatz der universalen Bestimmung der Güter der Welt für alle Menschen hat im Verständnis der Sozialehre jeder Mensch das Recht, auf der Erde zu finden, was er nötig hat. Alle anderen Rechte, wie etwa das Eigentum oder das Recht zum freien Austausch von

---

[236] PP Rdn 15,19
[237] PP Rdn 76; CIV Rdn 9; EKDUnt Rdn 100; SRS Rdn 28

Wirtschaftsgütern, sind diesem Grundsatz untergeordnet. Sie dürfen dessen Verwirklichung nicht erschweren – im Gegenteil: Diese Rechte müssen nach ihrem ursprünglichen (naturrechtlichen) Sinn zur Durchsetzung des Universalprinzips beitragen. Die Anhäufung von Gütern im Norden der Erde und der Mangel im Süden gilt ethisch als unannehmbar. [238]

Ein weiterer Grundsatz der Soziallehre wird gerade im internationalen Kontext besonders in Erinnerung gerufen: die richtige Hierarchie der Werte (s. dazu oben B. 4.). Nicht der Gewinn sollte eigentlicher Motor des wirtschaftlichen Fortschritts und nicht der Wettbewerb oberstes Gesetz der Wirtschaft sein. Das Eigentum an den Produktionsmitteln darf nicht als absolutes, schrankenloses Recht die Gesellschaft beherrschen. Ein „ungehemmter Liberalismus" dieser Art wird als Ursache der „Diktatur" oder des „Imperialismus" des internationalen Finanzkapitals gebranntmarkt. „Populorum Progressio"[239] erinnert deshalb in diesem Zusammenhang noch einmal feierlich daran, dass die

---

[238] PP Rdn 22; GES Rdn 69; SRS Rdn 14
[239] Rdn 26

Wirtschaft ausschließlich dem Menschen zu dienen habe.

Die dargelegten Grundsätze führen zu verhaltensethischen und institutionellen Konsequenzen in den internationalen Wirtschaftsbeziehungen. Zunächst sollen hier nicht die Spielregeln des freien Handels allein regieren. Das Einverständnis von Partnern in ungleicher Lage reicht nicht, um die Gerechtigkeit von Verträgen zu garantieren.[240] Frei gebildete Marktpreise können für wirtschaftlich schwache Länder verderbliche Folgen haben, und ungezügelter Wettbewerb kann zu wirtschaftsdiktatorischen Strukturen führen. Deshalb gilt in der Soziallehre: Freier Austausch ist den Forderungen des Naturrechts untergeordnet. Er ist nur dann recht und billig, wenn er den Anforderungen der sozialen Gerechtigkeit entspricht. Als Vorbild für den internationalen Bereich gelten die Systeme der Wirtschaftsförderung in den hochentwickelten Ländern.[241] Damit werden bestimmte Wirtschaftszweige – z.B. die Landwirtschaft – oder Regionen mit dem Ziel privilegiert, insgesamt

---

[240] PP Rdn 58,59
[241] PP Rdn 60

annähernd gleiche Lebensverhältnisse herzustellen. Außerdem gilt eine Pflicht zur Solidarität in der internationalen Gemeinschaft. Der Überfluss der reichen Länder muss den ärmeren zustatten kommen.[242] Übereinstimmung herrscht darüber, dass das gegenwärtige Wohlstandsmodell der entwickelten Länder wegen der Begrenztheit der natürlichen Ressourcen nicht einfach weltweit verallgemeinert werden kann.

Die EKD-Unternehmerdenkschrift[243] spricht sich grundsätzlich für offene Märkte in beiden Richtungen als Gebot internationaler sozialer Gerechtigkeit aus. Auch sollte die Politik dafür sorgen, dass die Länder für internationales Investitionskapital attraktiv bleiben. Gleichzeitig aber wird an die investierenden Unternehmer appelliert, dies nicht nur als Chance für Markterschließung und Nutzung der internationalen Arbeitsteilung zu begreifen, sondern die daraus erwachsende Verantwortung für die soziale, ökologische und demokratische Entwicklung in diesen Ländern wahrzunehmen. Auch sollte das Prinzip

---

[242] PP Rdn 44-49; GW Gesellschaft, S. 22
[243] Rdn 101, 104-106

der Nachhaltigkeit in einer ethisch begründeten globalen Rahmenordnung und deren Institutionen verankert sein.
   Einige problematische internationale Entwicklungen werden konkret benannt und angeprangert:

- verschwenderische und konsumorientierte Überentwicklung bestimmter gesellschaftlicher Gruppen gerade in den ärmeren Ländern bei zunehmend ungleicher weltweiter Einkommens- und Vermögensentwicklung,
- Konsumenten in den entwickelten Ländern tragen Verantwortung für ihre Kaufentscheidungen, die nicht nur wirtschaftlich vernünftig sein, sondern auch moralischen Grundsätzen genügen sollten.[244]
- Der Aufkauf nicht erneuerbarer Energiequellen durch weltweit einflussreiche Unternehmen sollte die Entwicklung ärmerer Länder nicht behindern.
- Die Ausbeutung von Arbeitnehmern und nicht erneuerbaren Ressourcen bis

---

[244] CIV Rdn 22,66; SRS Rdn 28

zur Gefährdung demokratischer Strukturen in unterentwickelten Ländern durch die internationale Finanz- und Rohstoffspekulation ist ethisch nicht zu rechtfertigen.[245]
- Der internationale Tourismus, der durchaus wirtschaftlich und kulturell Entwicklung fördern kann, sollte nicht zu Ausbeutung und moralischem Verfall führen.[246]

Die kirchlichen Dokumente enthalten zahlreiche Vorschläge und Empfehlungen, mit denen die beschriebenen Entwicklungsziele erreicht oder gefördert werden könnten. Gemeinsames Handeln der weltweiten Gemeinschaft auf der Grundlage eines klaren wirtschaftlichen, sozialen, kulturellen und geistigen Konzeptes gilt bei der gegebenen Lage der Welt als unabdingbar. Im 21. Jahrhundert ist eine solche internationale und weltgemeinschaftliche Kooperation in noch stärkerem Maße nötig als in vergangenen Zeiten. Dafür sollten konkrete Mittel und praktische Formen

---

[245] CIV Rdn 49; EKDUnt Rdn 100
[246] CIV Rdn 61

der Organisation und Zusammenarbeit gesucht und abgestimmte Programme zur Festlegung der Ziele, Bestimmung der Mittel und Zusammenfassung der Kräfte entwickelt werden. Vor allem geht es um Strukturen zur Lösung internationaler Konflikte, um den Nationen ihre Rechte zu wahren. Empfohlen wird, die internationale Kooperation auszubauen und insbesondere den u.a. in der Welthandelsorganisation (WTO) und in der Internationalen Arbeitsorganisation (IAO) entwickelten Regeln zum Durchbruch zu verhelfen.[247] Das Leitbild der Sozialen Marktwirtschaft sollte die globalisierte Entwicklung auch international prägen. Freundschaftliche Beziehungen mit bilateralen und multilateralen Abkommen auf dem Boden rechtlicher und politischer Gleichheit sollten die alten kolonialen Abhängigkeitsverhältnisse ersetzen. Auch regionale Übereinkünfte unter den wirtschaftlich schwachen Völkern selbst zur gegenseitigen Hilfe sowie Zusammenschlüsse und gemeinsame Vorhaben bis zur Schaffung einheitlicher

---

[247] PP Rdn 13,43,50,78; CA Rdn 92 ; GW Gesellschaft S. 8; EKDUnt Rdn 102; EKDGuE Rdn 82 ff

Wirtschaftsräume sollten den Weg zu Frieden und Entwicklung bereiten.[248] Dies gilt auch für die entwickelten Nationen, da ganz allgemein Völker ihr eigenes Wohl nur wahren können, wenn sie zugleich auf das Wohl anderer Rücksicht nehmen.

Dieser Grundsatz wird besonders betont für Europa, dessen Nationen durch das Band gemeinsamer Kultur und tausendjähriger Geschichte verbunden sind.[249] Es läge weder im Interesse heutiger noch künftiger Generationen, das Projekt Europa aus nationalen Egoismen heraus an grundsätzlich lösbaren finanz- und geldpolitischen Problemen scheitern zu lassen. Zur Lösung aktueller wirtschaftlicher und finanzieller Probleme in Europa sollten die Prinzipien von Solidarität und Subsidiarität zur Geltung kommen. Das historische Werk der europäischen Einigung sollte nicht auf den wirtschaftlichen Aspekt verkürzt werden. Deutschland wird eine besondere Verantwortung dafür zugewiesen, die

---

[248] PP Rdn 52,64,77

[249] CA Rdn 92; MM Rdn202; GW Gesellschaft, S. 31, 53 ff; Papst Franziskus, Rede in Straßburg im Nov. 2014, FAZ v. 26.11.2014

europäische Idee einer Friedensgemeinschaft weiterzuentwickeln. Darüber hinaus trägt Europa als der reichste Kontinent der Welt wirtschafts-, sozial- und entwicklungspolitisch seinerseits eine besondere weltweite Verantwortung. Die in Europa gewachsenen wirtschaftlichen Traditionen können helfen, eine globale Wirtschaft zu entwickeln, in der wirtschaftlicher Wohlstand, ökologische Nachhaltigkeit und soziale Gerechtigkeit gleichermaßen wirksam werden.

Die Grundsätze der Soziallehre und –ethik geben schließlich auch Handreichungen für eine angemessene Reaktion auf internationale Wirtschaftsprobleme, z.B. die aktuelle Verschuldenskrise einiger Staaten im Euro-Raum. Im Zusammenhang damit hat das „Gemeinsame Wort"[250] im Jahr 2014 bereits gemahnt, das Projekt Europa nicht kurzfristigen nationalen Egoismen zu opfern. Die grundlegende Bedeutung der Idee Europa steht sozialethisch außer Frage. Das gilt besonders für eine so tiefgehende internationale Zusammenarbeit, wie es der gemeinsame Euro-Währungsverbund zweifellos darstellt.

---

[250] GW Gesellschaft, S. 31

Kooperationen dieser Art sind ganz aktuell besonders notwendig und sollten nicht aufs Spiel gesetzt werden. Die Prinzipien der Solidarität und der Subsidiarität können dabei für eine Balance zwischen notwendiger Hilfe und Eigenverantwortung sorgen. Die in Europa neuerdings an Einfluss gewinnenden nationalegoistischen Strömungen sind daher sozialethisch abzulehnen. Dafür spricht schließlich auch die einfache Erkenntnis, dass faktisch Nationen immer dann ihr eigenes Wohl am besten befördern, wenn sie mit dafür sorgen, dass es auch ihren Nachbarn gut geht – eine Feststellung, die gerade in Zeiten der Globalisierung und der zunehmenden internationalen Vernetzung besonders berechtigt ist.

C. Abgrenzungen

Weder die katholische Soziallehre noch die evangelische Sozialethik verstehen sich als eigenständige Wirtschaftssysteme. Sie haben aber klare Vorstellungen dazu entwickelt, welche Voraussetzungen ein menschengerechtes Wirtschaftssystem erfüllen muss. Gegenüber staatssozialistischen Modellen zentraler Planwirtschaft wie auch gegenüber bestimmten wirtschaftsliberalen Vorstellungen grenzen sich Soziallehre und Sozialethik bewusst ab.

1. Die Abgrenzung zum Sozialismus

Neben der grundsätzlichen Bejahung des Privateigentums war die Abgrenzung der Soziallehre zum Sozialismus 1891 ein wesentliches Anliegen von „Rerum Novarum". Die heute allgemein bekannten Erfahrungen mit dem „realen Sozialismus" in der Sowjetunion und in den vom Marxismus-Leninismus beeinflussten Staaten lagen noch nicht vor. Dennoch beschreibt die

Enzyklika[251] die praktischen Auswirkungen der sozialistisch-kommunistischen Lehre – damals noch im Stadium einer Sozialphilosophie und einer mehr oder weniger strukturierten Bewegung – mit geradezu prophetischen Worten: „Eine unerträgliche Beengung aller, eine sklavische Abhängigkeit" werde die Folge des Versuchs ihrer Anwendung sein. „Gegenseitiger Missgunst, Zwietracht und Verfolgung" werde Tür und Tor geöffnet. Mit dem Wegfall des Ansporns zu Strebsamkeit und Fleiß würden die Quellen des Wohlstandes versiegen. Aus der eingebildeten Gleichheit aller werde die Entwürdigung für alle. Deshalb verwirft die Enzyklika die sozialistische Grundlehre, dass der Staat den Privatbesitz einzuziehen und zu öffentlichem Gut zu machen habe. Eine solche Theorie werde für diejenigen, denen geholfen werden soll, zu schwerem Schaden, sie widerstreite dem natürlichen Recht eines jeden Menschen, verzerre die Aufgaben des Staates und mache eine ruhige, friedliche Entwicklung der Gesellschaft unmöglich.

---

[251] RN Rdn 12; CA Rdn 42,44

Die Soziallehre sieht einen „Grundfehler" des ideologischen Sozialismus darin, das Verhältnis der besitzenden und der unvermögenden Klasse von Natur aus für unversöhnlich zu halten. Die Theorie des Klassenkampfes stehe im Gegensatz zur natürlichen Ordnung, die grundsätzlich Eintracht innerhalb der menschlichen Gemeinschaft anstrebe. Nach der christlichen Auffassung von der Arbeit gibt es eine unauflösliche Verbindung von Kapital und Arbeit. Beide sollten keinesfalls in einen Gegensatz zueinander gestellt werden. Das Mittel, diese Eintracht zu erreichen, sei die Möglichkeit auch der unteren Klassen, Besitz und Vermögen zu erlangen. Das Ziel sei damit die „Entproletarisierung des Proletariats". Immer sei zunächst eine friedliche Lösung sozialer Konflikte anzustreben. „Mater et Magistra" setzt dann die Formel „soziale Partnerschaft" von Kapital und Arbeit an die Stelle des Klassenkampfes.[252]

In anthropologisch vertiefter Reflexion bewertet die Soziallehre die Sicht vom Menschen als den

---

[252] MM Rdn 97; RN Rdn 15,35; QA Rdn 59,84; GES Rdn 68; LE Rdn 13

Grundirrtum des Sozialismus. Der Einzelne sei in diesem System grundsätzlich nur Instrument und Molekül des gesellschaftlichen Organismus. Sein Wohl sei dem gesellschaftlichen Mechanismus völlig untergeordnet. Es herrsche die Auffassung, als könne dieses Wohl unabhängig von freier Entscheidung und ohne die persönliche und unveräußerliche Verantwortung dem sittlich Guten gegenüber verwirklicht werden. Der Mensch werde daher zu einem „Bündel gesellschaftlicher Beziehungen" verkürzt. Die Person als autonomes Subjekt moralischer Entscheidung werde eliminiert. Diese verfehlte Sicht bringe letztlich die Verkehrung des Rechts auf persönliche Freiheit und die Ablehnung des Privateigentums mit sich.[253]

Ein drittes Thema der Grundsatzdiskussion zwischen Soziallehre und Marxismus ist der Begriff der „Entfremdung". Marxistisch gesehen entsteht Entfremdung in der kapitalistisch strukturierten Arbeit, weil der arbeitende Mensch sich zu dem Produkt seiner Arbeit als einem fremden Gegenstand verhält. „Centesimus

---

[253] CA Rdn 45

Annus"[254] lehnt diese marxistische Analyse und Begründung der Entfremdung zwar ab, hält jedoch an dem Begriff fest und will ihn auf seinen „christlichen Sinngehalt" zurückführen. Entfremdung sei als Verlust des wahren Lebenssinns eine reale Gegebenheit. Sie ereigne sich im Konsum, wenn der Mensch zu falschen und oberflächlichen Befriedigungen verleitet werde. Sie ereigne sich auch in der Arbeit, wenn es nur auf deren Ertrag ankomme, der Arbeiter sich in seiner Arbeit nicht als Mensch verwirklichen könne und die Arbeit nicht zu einer solidarischen Gemeinschaft führe, kurz, wenn der Mensch in seiner Arbeit nur als Mittel, nicht aber als Ziel angesehen werde. Schließlich sind auch die verschiedenen Formen von Ausbeutung „Entfremdung", wenn sich Menschen gegenseitig als Werkzeug benutzen und in einer äußerlichen konsumorientierten Bedürfnisbefriedigung ihre wahren Bedürfnisse vergessen.

---

[254] Rdn 139,140,142

2. Die Abgrenzung zum Liberalismus

Auf dem Gebiet der Wirtschaft lässt sich „liberal" oder „neoliberal" als eine Haltung verstehen, die für eine möglichst enge Begrenzung staatlicher Aktivitäten und eine möglichst große Autonomie der Marktmechanismen eintritt. Zu beiden Aspekten nehmen Soziallehre und –ethik klar Stellung.

Dem liberalen Bild vom bloßen „Nachtwächterstaat", der lediglich Recht und Gesetz sowie äußere und innere Sicherheit zu gewährleisten hat, erteilt „Rerum Novarum" bereits 1891 eine Absage und stellt die Forderung nach dem Sozialstaat dagegen. Von der staatlichen Führung wird erwartet, sich in vielfältiger Weise umfassender und planmäßiger als früher wirtschaftspolitisch zu betätigen und dafür angepasste Einrichtungen, Zuständigkeiten, Mittel und Verfahrensweisen zu schaffen.[255] Damit sollten z.B. Friktionen zwischen verschiedenen Wirtschaftszweigen abgemildert, Störungen aus Konjunkturschwankungen begrenzt oder vorbeugend Massenarbeitslosigkeit

---

[255] RN Rdn 26,27; MM Rdn 54

verhindert werden. Nicht die einzelnen Wirtschaftssubjekte, sondern die staatliche Führung oder zuständige nationale oder übernationale Institutionen sollten über die allgemeine Wirtschaftsförderung entscheiden.[256] Schließlich muss der Staat auch für den Schutz solcher Gemeinschaftsgüter sorgen, deren Bewahrung die Marktmechanismen allein nicht gewährleisten, wie etwa die natürliche und menschliche Umwelt. Insoweit soll dem Staat auch ein „Kontrollrecht" über die Märkte zum Schutze des Gemeinwohls zustehen.[257]

Die Sozialethik hat immer wieder auf die Grenzen des Modells „freier Markt" aufmerksam gemacht. Ein absolut gesetzter freier Markt verfügt aus sich selbst heraus nicht über die Mittel und Kriterien, um Angebot und Nachfrage wertmäßig zu unterscheiden. Nicht wenige Menschen werden von der Gier nach Vergnügen und Genuss beherrscht. Der Markt macht keinen Unterschied zwischen höheren Bedürfnissen und solchen, die eine reife menschliche Persönlichkeitsbildung gerade verhindern. Im Gegenteil neigt er

---

[256] MM Rdn 99
[257] CA Rdn 136; EG Rdn 56

dazu, einen unwiderstehlichen Konsum-Mechanismus zu erzeugen, der die Menschen in einen Strudel unnötiger Anschaffungen und Ausgaben zieht. So entsteht das Problem des „Konsumismus",[258] der die vermeintliche Konsumfreiheit in Abhängigkeit verwandelt und nur der Freiheit der Inhaber der wirtschaftlichen und finanziellen Macht dient. Die darauf beruhenden Schäden für das geistige und leibliche Wohl der Menschen sollten nicht einfach hingenommen werden. Statt des Materialismus einer reinen Wohlstands- und Konsumgesellschaft bedarf es eines Menschenbildes, das alle Dimensionen des Seins berücksichtigt. Marktwirtschaft gibt es nicht in Reinform, sondern nur eingebunden in ein größeres soziales und politisches Umfeld. Allein der Mechanismus der Gleichwertigkeit der getauschten Güter sichert nicht den sozialen Zusammenhalt. Der Markt kann daher die ihm eigene wirtschaftliche Funktion nicht erfüllen ohne solidarische und von gegenseitigem Vertrauen geprägte Handlungsweisen.[259] Konkret wird sozialethisch die Stärkung der

---

[258] CA Rdn 125, 68, 99; MM Rdn 235; Ls Rdn 203
[259] CIV Rdn 35,36; EKDGuE Rdn 6, 45

Konsumentensouveränität gefordert, z.B. durch staatliche Beschränkung gefährlicher oder anstößiger Werbung und durch entsprechende Bildungsmaßnahmen und Sachaufklärung.[260] Erinnert wird auch an die eigene Verantwortung der Verbraucher. Durch den Boykott bestimmter Produkte könnte auf das unternehmerische Verhalten der Anbieter Einfluss genommen werden. Kaufen ist danach nicht nur eine wirtschaftliche, sondern immer auch eine moralische Handlung.

Der Grundsatz liberaler Wirtschaftsauffassung, jeder Mensch habe für sich selbst zu sorgen, kann auf dem Markt nicht uneingeschränkt gelten und reicht für eine verantwortlich gestaltete Marktwirtschaft nicht aus[261]. Die notwendige Rahmenordnung des Marktes ist nicht die bloße Addition eigennutzorientierten Verhaltens. Die Verfolgung des ökonomischen Eigeninteresses setzt die Gemeinschaft aller Menschen voraus. Es ist deshalb letztlich unvernünftig, ökonomisches Handeln allein am individuellen Nutzen zu orientieren. Außerdem entziehen sich

---

[260] EKDGuE Rdn 50; Ls Rdn 206
[261] EKDGuE Rdn 150; GW Gesellschaft S. 17

bestimmte gemeinsame und qualitative Bedürfnisse der Menschen der Marktlogik. Die Verabsolutierung des Marktmechanismus gilt sozialethisch als „Vergötzung", da sie die Existenz von Gütern ignoriert, die ihrer Natur nach nicht ge- oder verkauft werden können, die also nicht bloße Waren sind und sein können.[262] Diese „Ideologie" der absoluten Autonomie der Märkte wird, ebenso wie die Absolutsetzung von Profit, Wettbewerb und Eigentum an Produktionsmitteln, als „Diktatur des Finanzkapitals" zurückgewiesen. Der Verantwortung eines solchen ungehemmten Liberalismus werden weltweit steigende Einkommensdisparitäten, Finanzspekulation, Verarmung wirtschaftlich weniger entwickelter Länder und die Missachtung von Interessen ohne Marktmacht, wie z.B. des Umweltschutzes, zugeschrieben.[263] Ausdrücklich abgelehnt wird insbesondere die sog „trickle-down-Theorie", nach der jedes vom freien Markt begünstigte Wirtschaftswachstum bereits „von sich aus" größere Gleichheit und soziale Einbindung hervorrufen soll.

---

[262] CA Rdn 137
[263] PP Rdn 26; EG Rdn 56

Diese Theorie stehe im Widerspruch zu allen Fakten und negiere naiv die reale Ausübung wirtschaftlicher Macht.[264]

Das problematische Verhältnis von absolut freiem Markt und Ökologie entsteht ebenso wie das Phänomen des „Konsumismus", weil der vom Verlangen nach Besitz und Genuss bestimmte Mensch auf maßlose und undisziplinierte Weise die Ressourcen der Erde konsumiert und damit die eigene Existenz gefährdet.[265] Aus diesem Grunde muss den Erfordernissen einer „Humanökologie" Rechnung getragen werden, die der Markt allein nicht leisten kann. Hierzu gehören z.B. eine Stadtplanung, die aktuelle Probleme der Verstädterung vermeidet, Lebens- und Arbeitsbedingungen der Menschen verbessert sowie Familien fördert.[266] Statt absoluter Autonomie der Märkte plädiert die Soziallehre für ein umfassendes erzieherisches und kulturelles Bemühen, das die Verantwortung von Verbrauchern, Produzenten und Medien weckt und auch staatliches Eingreifen erfordert.

---

[264] EG Rdn 54
[265] CA Rdn 128; LS Rdn 2 und durchgängig
[266] CA Rdn 130, 132

3. Christliche Wirtschaftsethik ein „Dritter Weg"?

Es liegt nicht fern zu fragen, ob die beschriebenen spezifischen Merkmale einer Wirtschaftsordnung nach dem christlich-sozialen Konzept es rechtfertigen, von einem „Dritten Weg" zwischen kapitalistischer Marktwirtschaft und Zentralverwaltungswirtschaft zu sprechen. Die katholische Soziallehre stellt für sich selbst klar, dass sie nicht als eigenständiges Wirtschaftsmodell und auch nicht als „dritter Weg" zu verstehen ist.[267] Sie stellt die gegebenen Ordnungsmodelle aber in den Zusammenhang der jeweils verschiedenen historischen Situationen. Die konkreten Probleme will sie flexibel in ihren miteinander verflochtenen gesellschaftlichen, wirtschaftlichen, politischen und kulturellen Aspekten lösen. Dafür bietet sie Orientierung. Sie erkennt Markt und Unternehmen an, stellt aber gleichzeitig klar, dass beide unbedingt auf das Gemeinwohl ausgerichtet sein müssen.

In ähnlicher Weise beschreibt auch die evangelische Seite die von ihr

---

[267] CA Rdn 146; SRS Rdn 41; ähnlich mit theologischer Begründung CIV Rdn 45

bevorzugte „Soziale Marktwirtschaft". Diese wird nicht als starres Modell, sondern als dynamischer Prozess und nicht als geschlossenes ideologisches System verstanden. Als Integrations- und Kompromissmodell kann es offen sein für die Beteiligung unterschiedlicher Orientierungen. In sich vereinigt es Traditionselemente des europäischen Liberalismus, des europäischen Sozialismus und der ökumenischen christlich-sozialen Bewegung. Das Modell könnte aber dennoch wegen der Verwerfung von einerseits Laissez-faire-Kapitalismus und andererseits Zentralverwaltungswirtschaft als „Dritter Weg" angesehen werden.[268]

Letztlich handelt es sich hier um eine eher akademische Definitionsfrage. Die klare grundsätzliche Anerkennung von privatem Eigentum, auch an Produktionsmitteln, und Marktfreiheit dürften für die grundsätzliche Zuordnung der christlichen Wirtschaftsethik zur Marktwirtschaft und damit gegen einen eigenständigen „dritten" Weg sprechen.

---

[268] EKDGuE Rdn 35; ähnlich für die Soziallehre Frambach, FAZ v. 29.06.2015; wohl a.M. Körtner, S. 329

4. Die Zusammenarbeit für das Gemeinwohl: Der Dialog

Die Abgrenzungskriterien der christlichen Wirtschaftsethik gegenüber den Ideologien des Staatssozialismus und des Liberalismus sind nicht zu verstehen als Handlungsanleitungen für eine Praxis wechselseitiger Ab- oder Ausgrenzungen. Im Gegenteil, wie „Mater et Magistra" zu diesem Problem festhält: Da mangels einer von allen anerkannten Rechtsordnung über nichts eine volle und sichere Übereinkunft zu erzielen sei, sollten Christen abweichende Auffassungen mit dem gebührenden Wohlwollen prüfen. Sie sollten nicht nur auf ihr eigenes Interesse schauen, sondern in ehrlicher Zusammenarbeit dort mitwirken, wo es um etwas geht, das seiner Natur nach gut ist oder zum Guten führen kann.[269] Das gilt unbeschadet der Tatsache, dass für einen Christen ein System nicht annehmbar ist, das auf einer materialistischen und atheistischen Philosophie basiert und weder die Ausrichtung des Menschen auf sein letztes Ziel, noch seine Freiheit, noch

---

[269] MM Rdn 205, 239; PIT Rdn 82

seine Würde achtet.[270] In diesem Verständnis ist zwar ein prinzipieller Kompromiss etwa zwischen den Lehren des Marxismus und des Christentums nicht möglich; dennoch gibt es jenseits des „Nebels der Ideologie", z.B. im Rahmen der Arbeiterbewegung, gemeinsame Bestrebungen und Berührungspunkte in dem Bemühen, für arbeitende Menschen bessere Lebensbedingungen zu schaffen.[271]

Das jüngste Lehrschreiben „Laudato si"[272] wird in diesem Punkte mit Blick auf die Umweltproblematik noch deutlicher: Die interdependente Welt von heute verlange globale Lösungen auf der Grundlage gemeinsamer Pläne. Deshalb sei auch ein weltweiter Konsens unerlässlich. Dies mache eine ehrliche und transparente Debatte erforderlich, damit Sonderbedürfnisse oder Ideologien nicht das Gemeinwohl schädigten.

Die Soziallehre hat sich mit dieser Forderung nach einem institutionalisierten Dialog aller erkennbar weiterentwickelt. Die frühen Enzykliken plädieren in Bezug auf die

---

[270] PP Rdn 39
[271] CA Rdn 56, 90; QA Rdn 117
[272] LS Rdn 164, 188

Zusammenarbeit von Christen in der Arbeiterbewegung noch für eine schärfere Abgrenzung. „Quadragesimo Anno" ruft 1931 diejenigen „mit Inständigkeit" zu dem sozialen Reformprogramm der katholischen Kirche zurück, die sich der sozialistischen Ideologie − auch in ihrer gemäßigten (sozialdemokratischen) Variante − angeschlossen hatten.[273] Später jedoch wird festgestellt, dass alle gemäß den Anlagen und Fähigkeiten eines jeden, verbunden im gemeinsamen Bemühen für wirtschaftlichen und sozialen Fortschritt, zusammenwirken müssen.[274] Diese Haltung kommt auch auf evangelischer Seite in dem Appell zum Ausdruck, für einen Geist der „Wirtschaft mit allen und für alle" einzutreten.[275] Das „Gemeinsame Wort" der Kirchen von 2014 für eine Erneuerung der Wirtschafts- und Sozialordnung[276] richtet sich an alle Interessierten, sowohl engagierte Christen und Verbände innerhalb der Kirchen wie auch Einzelpersonen und gesellschaftliche

---

[273] QA Rdn 117, 126
[274] GES Rdn 68
[275] EKDUnt Rdn 95
[276] GW Gesellschaft, Vorwort S. 5, 11

Gruppen, die sich dem Gemeinwohl verpflichtet fühlen. Beide Kirchen halten die ethischen Konsequenzen aus den christlichen Traditionen für alle, auch jenseits religiöser Überzeugungen, für nachvollziehbar.

Die Beschäftigung mit den grundlegenden Dokumenten zur christlichen Wirtschaftsethik lässt allerdings auch die Frage aufkommen, warum die dort niedergelegten theoretischen Ansätze für eine menschen- und sachgerechte Lösung akuter wirtschaftspolitischer Probleme in Politik und Gesellschaft nur eine relativ geringe Rolle spielen. Im Hinblick darauf ist von „geschichtsvergessener Gegenwart" gesprochen worden.[277] Möglicherweise löst die konfessionelle Enge, die vor allem aus den älteren Dokumenten spricht, ein gewisses Befremden aus. Historisch werden selbst gleiche oder ähnliche Gedanken in katholischen und evangelischen offiziellen Schriften wechselseitig kaum oder gar nicht zur Kenntnis genommen. Die oben erwähnte Absage der katholischen Amtskirche an eine Zusammenarbeit mit dem gemäßigten

---

[277] Landesbischof Engelhardt im Vorwort zu Die prot. Wurzeln, S. 5

Sozialismus in „Quadragesimo Anno" hat sich angesichts des aufziehenden Nationalsozialismus als besonders fatal erwiesen. Erst in jüngerer Zeit haben die großen Kirchen - vor allem mit den „Gemeinsamen Worten" von Katholischer Bischofskonferenz und EKD – ihre sozialethischen Gemeinsamkeiten auf dem Gebiet der Wirtschaft entdeckt. Das zu späte Zusammenwirken im Dialog mit anderen gleichgerichteten Kräften kann einer der Gründe für die mangelnde Wirksamkeit des christlich-sozialen Ordnungsmodells sein.

D. Ergebnis
Christliche Sozialethik und Wirtschaft: „Dienen statt Regieren"

Auf den ersten Blick könnte man christliche Sozialethik, wie sie sich in den kirchlichen Dokumenten darstellt, für eine bloße Rechtfertigung kapitalistischer Marktwirtschaft halten. Schließlich steht das private Eigentumsrecht, auch an den Produktionsmitteln, nicht in Frage, aus der natürlichen Freiheit des Menschen wird grundsätzlich auch die Marktfreiheit abgeleitet und unternehmerische Arbeit findet positive Würdigung. Ein genauerer Blick zeigt jedoch wesentliche Unterschiede zu einer reinen Rechtfertigungslehre. Zunächst steht das private Eigentum nicht absolut für sich selbst, sondern es ist ein aus der menschlichen Arbeit und aus einer verantworteten Freiheit abgeleitetes Recht. Inhalt und Zweck dieses Rechts bestimmen sich vor dem Hintergrund der Universalität aller irdischen Güter. Daher trägt das Eigentum eine immanente Sozialpflichtigkeit in sich, die vor allem auch Konsequenzen für das Produktionskapital hat. Außerdem kommt der menschlichen Arbeit ein herausragender Wert und Vorrang vor dem Kapital zu. Alle Arbeitenden sind grundsätzlich als Mitunternehmer anzusehen. Die gesamte Wirtschaft und alle ihre Elemente werden als Instrumente im Dienste des Menschen verstanden. Der Mensch schließlich wird dabei nicht nur abstrakt von seinen materiellen Bedürfnissen her gesehen, sondern ist ganzheitlich mit seinen gesellschaftlichen, kulturellen und geistig-spirituellen Beziehungen Ziel und Maß allen wirtschaftlichen Handelns (Personalitätsprinzip).

Damit ist der Wirtschaft insgesamt bei aller Anerkennung wirtschaftlicher Eigengesetzlichkeiten eine dienende Rolle für gesellschaftliche Zwecke zugewiesen. Gewinnstreben und Konkurrenzdenken dürfen niemals Macht über den Menschen gewinnen. Sie sind vielmehr eingefügt in eine gesellschaftliche und rechtliche Rahmenordnung, in der sie ihren Beitrag zur Effektivität der Wirtschaftsordnung leisten. Besonders deutlich zeigt dies die sozialethische Bewertung des Geldes und der Finanzmärkte. Diesen für negative menschliche Neigungen wie Gier und Habsucht besonders anfälligen Wirtschaftsinstrumenten kommt eine strikt dienende (Unter-)Funktion für die Realwirtschaft zu. Zu den Wirtschaftszwecken gehört an prominenter Stelle die soziale Gerechtigkeit, d.h. die Wirtschaftsordnung ist auch daran zu messen, ob und inwieweit sich die schwächeren Glieder der Gesellschaft entwickeln können und lebenswichtige Interessen ohne starke Lobby berücksichtigt werden. Zu diesem Zweck gelten auch immaterielle ethische Werte, vor allem die Solidarität, als integrative Bestandteile einer menschengerechten wirtschaftlichen Ordnung. Das gleichfalls implementierte Subsidiaritätsprinzip hat dabei die Funktion, im wirtschaftlichen Ordnungsgefüge die persönliche Verantwortung des Einzelnen und der gesellschaftlichen Gruppen zu wahren und dadurch bürokratische Machtkonzentrationen zu verhindern.

Beispiele aus der Praxis zeigen, dass sich christlich-sozialethische Grundsätze durchaus auf aktuelle wirtschaftliche Problemstellungen anwenden lassen und wirksam werden könnten. Dies gilt, obwohl – wie sie immer wieder selbst einräumen – die Kirchen wirtschaftlich keine fertigen Lösungen anbieten. Sie formulieren aber Lehren und stellen Argumente zur Verfügung, die bei genauerem Hinsehen weder holzschnittartige Kapitalismus- und Wirtschaftskritik sind, noch als idealistische, wirklichkeitsfremde Heilslehren diffamiert werden können. Christlicher Realitätssinn erweist sich auch immer wieder als wirksames Mittel gegen ein Abgleiten in bloße Ideologie.

In schematischer Übersicht lassen sich die Bestimmungsfaktoren einer Sozialen Marktwirtschaft aus der Sicht christlicher Sozialethik wie folgt darstellen:

Schematische Übersicht

Freiheit	Arbeit	Eigentum
(in Ver-Antwortung, in Wahrheit)	(„würdige" Arbeit, Vorrang vor dem Kapital)	(auch an Produktionsmitteln, Sozialpflichtigkeit, Universalität der Güter)

Personalität:

Subsidiarität:

Solidarität:

Non-Profit, „Unentgeltlichkeit":

Soiale Marktwirtschaft:
- keine Zentralverwaltungswirtschaft
- kein Klassenkampf, sondern soziale Partnerschaft
- Geld und Finanzen dienen der Realwirtschaft
- Wettbewerb, Gewinn keine absoluten Werte
- Gemeineigentum für öffentliche Leistungen.

Wirtschaftszwecke:

- angemessene Bedarfsdeckung
- Soziale (Teilhabe-, Verteilungs-) Gerechtigkeit
- Unternehmensverfassung: Mitbeteiligung, Mitbestimmung
- Nachhaltigkeit, Ökologie (Weiterentwicklung der Sozialen Marktwirtschaft)

Herstellung und Verlag:
BoD - Books on Demand, Norderstedt
ISBN 978-3-7431-1669-6